国家社科基金资助

民口基础研究向国防领域的转化应用

刘书雷　邓启文　赵海洋　屈婷婷　著

国防工业出版社

·北京·

内容简介

本书以"民口基础研究向国防领域的转化应用"为研究目标，从基础研究理论问题入手，探悉了影响基础研究转化应用的基本要素，梳理了基础研究转化应用的发展历程及主要启示，总结归纳了军事强国的相关经验做法，剖析了新时期基础研究的发展特征及其转化应用的时代要求，在此基础上，着眼我国民口基础研究向国防领域转化的矛盾问题，提出了推动民口基础研究向国防领域转化应用的总体构想、转化模式、重点领域和对策建议。

图书在版编目（CIP）数据

民口基础研究向国防领域的转化应用/刘书雷等著. —北京：国防工业出版社，2017.12

ISBN 978-7-118-11297-9

Ⅰ.①民… Ⅱ.①刘… Ⅲ.①民用工业－成果转化－军工企业－研究－中国 Ⅳ.①E24

中国版本图书馆 CIP 数据核字（2017）第 103977 号

※

国防工业出版社出版发行

（北京市海淀区紫竹院南路 23 号 邮政编码 100048）

三河市众誉天成印务有限公司

新华书店经售

*

开本 710×1000 1/16 印张 10¼ 字数 198 千字

2017 年 12 月第 1 版第 1 次印刷 印数 1—2000 册 定价 69.00 元

（本书如有印装错误，我社负责调换）

国防书店：（010）88540777 发行邮购：（010）88540776

发行传真：（010）88540755 发行业务：（010）88540717

前　言

　　基础研究是整个科学体系的源头，是所有技术问题的总开关，是国防科技创新的先导和武器装备发展的源泉，也是获得技术优势、军事优势和战略优势的重要基石。只有重视基础研究，才能永远保持国防科技和武器装备自主创新的活力，才能为国防和军队科学发展提供坚实的支撑。

　　如今，新一轮科技革命和产业革命正在孕育兴起，新军事革命不断加速发展，基础研究领域酝酿着重大突破。这是国防科技和装备建设实现跨越式发展的重要机遇，如果抓住机遇、取得突破，可能在较短时间内带动国防科学技术的群体突破，从而催生出新形态的军事技术和武器装备。

　　当前，我国国防和军队建设正处于由"跟跑"向"并跑领跑"转变的关键时期，基础研究在国防和军队建设中的地位和作用更加凸显。加强基础研究，从源头攻克制约国防科技和武器装备发展的基础理论问题，已成为新时期推动国防和军队建设自主创新发展、可持续发展的需要。如何充分发挥国家科技投入效益，加强军民科技资源集成，把国防科技创新植根于整个国家创新体系之中，加快构建民口基础研究成果向国防领域转化应用的桥梁，推动民口基础研究成果向国防领域的转化应用，已成为军地双方需要急切解决的一个现实问题，也是新时期贯彻落实军民融合国家战略、实现中国梦强军梦的迫切需求。

　　本书旨在推动"民口基础研究向国防领域的转化应用"，由刘书雷统筹规划和编写全书纲目，并修改全书文稿。邓启文负责撰写我国基础研究转化历程、新时期基础研究的发展特征等部分；赵海洋负责撰写军事强国的经验做法和推进转化应用的方法及措施建议；屈婷婷负责撰写基础研究的理论部分和基础研究转化应用的历史演变。本书的出版，得益于国防科学技术大学沈雪石、吴集、孙智信、郭继周、杨未强、刘芳等同志的帮助，特致感谢。

　　在本书的编撰过程中，引用和参阅了大量研究文献资料，并在书中选配了许多图片，特向这些文献资料和图片的作者表示深深的谢意。同时，由于涉及资料众多，本书中未能全部列出被引用文献的名称和作用，对此深表歉意。由于新时期基础研究向国防领域的转换应用。由于时间和视野所限制，本书的不足之处，敬请读者批评指正。

作者

2017 年 8 月

目　录

第1章 对基础研究理论问题的认识①

两千多年前，亚里士多德就强调，概念和范畴是研究问题的逻辑起点。克劳塞维茨也讲，"只有对名称和概念有了共同的理解，才可能清楚并顺利地研究问题"。开展本课题研究，也必须首先对基础研究的概念和内涵进行分析研究，搞清概念、明确范畴，从而进一步明确课题研究的范围和边界，为后续研究工作的开展奠定基础。

1.1 "基础研究"说法的由来

作为科学研究的重要组成部分，"基础研究"概念随着人类对科学研究认识的深化而不断发展变化。对"基础研究"内涵的理解，不能离开它在整个历史长河中的演变来解读。

1. 罗兰的"纯科学"概念引发的争论

"基础研究"这一概念在罗兰的《为纯科学呼吁》中被叫做"纯科学"。1883年，美国著名物理学家、美国物理学会第一任会长亨利·奥古斯特·罗兰提出了"纯科学"的概念。他认为所做事情中的原理就构成了纯科学。纯科学就是探索原理，而不关注应用。为了应用科学，科学本身必须存在。他告诫美国人如果停止科学的进步，只留意其应用，那么美国很快就会退化成中国人那样，多少代人以来都没有什么进步。②

罗兰提出"纯科学"概念后，得到了不少科学家的积极响应。但工业领域和工程领域的一些研究者认为，"纯科学"这一概念攻击和贬低"应用科学"，带有明显的偏见。工程师罗伯特·亨利·瑟斯顿就钊对罗兰发出的"纯科学"呼吁作出了呼吁"应用科学"的演讲，批评了罗兰有关"纯科学"与"应用科学"关系的论述，认为罗兰的观点是对历史的反动。

由于"纯科学"概念带来的偏见引起许多人的不满，于是"基础"的概念开始被引入，"基础研究""根本性研究""好奇心驱使的研究""纯研究"等称谓开始出现。

---

① 刘书雷，屈婷婷，赵海洋，邓启文. 对国防基础研究相关基本问题的深化认识和思考[J]. 国防科技，2015（10）.
② 亨利·奥古斯特·罗兰. 为纯科学呼吁[J]. 科技导报，2005（9）：74，75.

2. 布什提出关于基础研究的性质和功能的经典论断

"基础研究"说法的广泛应用，比较一致的看法始于 1945 年 7 月万尼瓦尔·布什发表的著名报告《科学：没有止境的前沿》[1]。二战接近尾声时，罗斯福总统认为布什任局长的战时科学研究和发展局在协调纯科学和应用科学、工程科学研究等方面进行了独特试验，希望他能够及时总结战时经验，并推广到战后和平时期[2]，所以才有了这份著名的报告。学术界习惯性地将《科学：无止境的前沿》解释为"美国政府与科学之间的理想关系的经典表达"。报告中定义的"基础研究"作为一个政策范畴和政策术语，牢牢确立了它的地位，开始被广泛传播和普遍应用。

该报告在总结以往科学发展经验的基础上，提出了关于基础研究的性质和功能的经典观点，即基础研究不需要考虑最终用途，基础研究导致新知识，最终不可避免的导致实际应用。报告提出了创新的"线性模型"，即从基础科学到技术创新的全过程可以概括为：基础研究、应用研究、开发、生产经营四个阶段，每个后续阶段都要依赖前一个阶段，这是一个有层次的、依次渐进的科学研究与应用范式，如图 1-1 所示。按照这一范式，国家应优先资助纯科学，其次是应用科学，最后才是工程开发。"线性模型"为政府支持基础研究提供了"理论基础"，该报告最终导致美国于 1950 年成立美国国家科学基金会（NSF）。

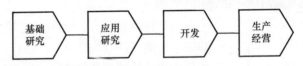

图 1-1　布什的科学研究线性模型

与美国第二次世界大战后急需大力发展科学技术以满足社会、经济、军事不断膨胀的现实需求相吻合，布什的基础研究概念和科学研究的线性模型逐步被政府采纳，在美国科技制度中确立起来，影响了战后美国的科学政策和政府资助科学的模式。由于美国科技的世界领先地位，各国纷纷效仿其科技政策，致使"基础研究"的概念及论述得以广泛传播和应用。

这一时期，美国经济学家纳尔逊（Nelson，1959）和阿罗（Arrow，1962）从经济学的角度提出了"基础研究的产品具有公共物品属性、是市场失灵的"的基本观点，得到了政府和科学家的广泛认可，进一步形成了政府出钱资助科学家，科学家自主探索科学原理这一"理想"格局[3]。

---

① V·布什. 科学：没有止境的前沿[M]. 范岱年，等译. 北京：商务印书馆，2004.
② 李勇.V. 布什报告与美国战后科学研究信念的建构——从科学研究信念史的视角解读《科学：没有止境的前沿》[J]. 自然辩证法，2008（3）.
③ 刘立. 基础研究政策的理论和实践[M]. 北京：清华大学出版社，2007.

3. 第二次世界大战后对"科学研究"分类方法的广泛探索

第二次世界大战后，美国在纯科学领域的优势并未使其在与苏联的竞争中获取绝对优势。而战后日本的崛起则表明，靠从国外引进、消化、吸收和再创新的技术立国，不用通过加强本国的基础科学便可推动工业的复兴。于是，对布什的技术程式理论鲜有批评的状况发生了转变。人们开始重新反思"纯科学"和"应用科学"等概念之间的关系。

1950 年，J·B·考南特在美国国家科学基金会的首次年度报告中指出，没有人能在基础研究和应用研究之间划出一条明确的界限。[①]考南特的思想引起了哈维·布鲁克斯的共鸣，他也反对纯研究与应用研究的二分法。他认为，"基础"与"应用"不是反义词。直接指向应用目的的工作，在性质上可能是极为基础的，因为它对于某一领域的概念结构或者发展前景有重要影响。而一项研究可用于应用这一特征，并不意味着它就不是基础的。[②]

美国学者 D·E·司托克斯则建构了一种"四象限"理论思维框架，比起布什的范式，"四象限"理论的适应范围更加广泛，如图 1-2 所示，如处于第一象限的是"纯基础研究"，又称玻尔象限；处于第二象限的是"由应用引起的基础研究"，又称巴斯德象限；处于第三象限的是"纯应用研究"，又称爱迪生象限。通过对玻尔、巴斯德和爱迪生等人的案例研究，司托克斯发现：有些科学研究不考虑具体的实用目的，属于纯基础研究，如玻尔对原子模型的探索；有些研究缺少科学理论的参与，属于纯应用研究，如爱迪生对电照明的研究；但更多的研究既寻求扩展认识的边界，又受到应用目的的影响，兼具理论和实用的双重目的，如巴斯德的工作。[③]像曼哈顿工程、欧文·朗缪尔的表面物理学等，都属于巴斯德象限的工作。它们是布什的线性模式所无法容纳的。由此，司托克斯将布什的研究向前推进了一大步。

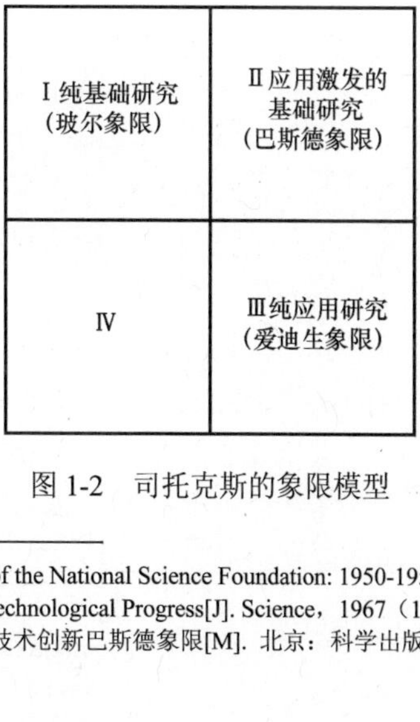

I 纯基础研究 （玻尔象限）	II 应用激发的 基础研究 （巴斯德象限）
IV	III 纯应用研究 （爱迪生象限）

图 1-2　司托克斯的象限模型

① Conant J B. First Annual Report of the National Science Foundation: 1950-1951[R]. Washington: GPO，1951.
② Brooks H. Applied Science and Technological Progress[J]. Science，1967（156）：1706-1712.
③ D·E·司托克斯. 基础科学与技术创新巴斯德象限[M]. 北京：科学出版社，1999.

时至今日，科学研究的分类方法以及基础研究的概念内涵仍在不断发展之中，对它的理解因人、因目的、因时代不同而不同，需要结合具体的时代背景、发展需求进行综合考量，从而给出清晰的认识和判断。

1.2　基础研究的概念内涵

在国防建设和武器装备发展领域，由于对安全战略需求和国防科技发展水平的认识差异，国防领域政策制定者、基础研究管理人员、进行基础研究的科学家所理解的"基础研究"也存在很大区别，对基础研究的目的、研究对象、成果预期等方面的理解和认识也不尽相同，很难形成一个完全统一的认识。就我国国防领域的应用实际而言，不同时期、不同背景下对"基础研究"有着不同的描述和表达："基础研究""纯基础研究""应用基础研究""应用技术基础研究""基础性研究""国防基础研究"等都被使用过，下面分别进行辨析研究。

1. 基础研究

虽然从布什提出创新的"线性模型"后，"基础研究"作为一个研究范畴和政策术语在国内外相关规划、实践、文献中被广泛提及，但是世界各国关于"基础研究"的概念、内涵、边界还没有一个统一权威的界定。尽管如此，各种不同的理解中还是存在很多共性一致的认识，这是我们研究和探讨"基础研究"的认识基础。

联合国教科文组织出版的《科学技术统计指南》提出[1]，科学研究工作按其性质、目的和过程一般可分为基础研究、应用研究和开发研究（试验发展），如表 1-1 所列。三者既相互区别又相互联系，共同构成科学研究的结构体系。其中，基础研究主要是为了获得自然现象和可观察事实的新的基本原理及新知识而开展的实验性和理论性工作，不考虑其有何特定的或具体的应用。应用研究是针对某一明确而实际的目的或目标，旨在获得新知识而进行的任何创造性研究。开发研究（或试验发展）则是指为生产新的材料、产品和装置，建立新的工艺、系统和服务，以及对原来生产和建立的上述各项进行实质性改进而进行的系统性工作。三种科学研究是密切相连、互为因果、互相促进的，前者要发展到后者并为后者提供新的知识和能力，后者要以前者为基础并为前者提供新的研究课题和研究手段，前后相连是科学研究的全过程，完成全过程才能形成直接的和现实生产力。

---

① 联合国教科文组织. 科学技术统计指南[M]. 武汉：中国地质大学出版社，1990.

表 1-1　基础研究、应用研究和开发研究的对比说明[①]

类型	基础研究	应用研究	开发研究
概念定义性质	没有特定商业目的,以创新探索知识为目标的研究,称为基础研究 有特定目标,运用基础研究的方法,进行的基础研究,称为定向基础研究,或称目标基础研究。此类研究多在企业进行	运用基础研究成果和有关知识为创造新产品、新方法、新技术、新材料的技术基础所进行的研究	利用基础研究、应用研究成果和现有知识为创造新产品、新方法、新技术、新材料,以生产产品或完成工程任务而进行的技术研究活动
典型事例说明	①法拉第发现电磁感应原理(发电原理) ②麦克斯韦提出电磁波理论	①西门子制成励磁电机,可以发电,但尚不能应用 ②赫兹发现电磁波,制成电磁波发生装置,使无线电通信成为可能	①爱迪生制成电机、建成电厂,建立电力技术体系,迎来电世界 ②波波夫与马可尼进行无线电通信获得成功,实现跨越大洋的无线电通信,迎来电讯时代
管理原则方法	①没有实际需要 ②没有时间限制 ③不急于评价 ④关键是带头人水平 ⑤多数情况,费用没有固定要求 ⑥一般没有保密性	①有目标、计划 ②有时间限制,有弹性 ③适当时候作出评价 ④选题和组织工作起重要作用 ⑤费用较多,控制较松 ⑥有一定保密性	①有具体明确目标,计划性较强 ②有严格时间控制 ③完成后立即评价 ④需各方面协调配合,更需注重组织和集体的作用 ⑤费用投入一般较大,控制较严 ⑥有很强保密性
成功率	一般不到 5～10%,实现商业化、企业化占 2～3%	一般到 50～60%,实现商业化、企业化的可能性较大	一般可达 90%以上,实现商业化、企业化可能最大
成果形式	学术论文 学术专著	学术论文、专利、原理模型	专利设计、图纸、论证报告、技术专利、试产品等

　　联合国教科文组织关于科学研究的"三分类"法以及关于基础研究的定义从认识论上讲,反映出人类由认识自然到改造自然的认识过程,有其合理性[②]。但其把基础研究和应用截然分开的做法具有片面性,也引起了很多争论和改良。美国国家科学基金会考虑到工业方面的情况,把联合国教科文组织的定义修改为:基础研究是为了发展不具有特定商业目的的科学知识的研究,尽管这类研究的领域可能与公司的现实或潜在利益有关。日本政府对基础研究的定义是:

---

① 杨沛霆.科学发展与现代管理[M], 长沙:湖南科技出版社, 1986.
② 刘立.基础研究政策的理论和实践[M]. 北京:清华大学出版社, 2007:5-7.

不论有无应用目的，只要为形成某种假说和理论，或者是为获得关于现象及事实的新知识进行的研究。[①]

经济合作与发展组织（OECD）制定的《研究与发展调查手册》把基础研究定义为为获取以现象和观察事实为基础的新知识而进行的实验或理论工作[②]。

2002年的《弗拉斯卡蒂手册》写道："基础研究是试验或理论工作，其主要目的是为了获得现象和可观察事实内在的基础性新知识，而不考虑特定应用和使用。"

再来看学者们的解释。V·布什认为：进行基础研究并不考虑实用的目的。它产生的是普遍的知识和对自然及其规律的理解。这种普遍的知识提供了解答大量重要实际问题的方法，但是它不能给出任何一个问题的完全具体的答案。提供这种圆满的答案是应用研究的职责。[③]

D·E·司托克斯[④]表示：基础研究确切的本质，是拓宽人们对某一科学领域的现象的认识。虽然基础研究有各种各样的定义，包含若干不同的步骤，但其根本特点都是增进对某一科学领域的基本认识。如果说基础研究目的在于拓宽对世界的基本认识，那么应用研究则直接面向个人、团体或社会的需求。

我国著名科学家钱学森给出的观点是：现代基础研究不仅包括各门自然科学中的纯基础研究，也包括广大应用科学和应用技术领域的基础研究，叫基础应用研究，是一个宽阔带。

从上述关于基础研究的几个典型定义中可以看出，对基础研究的理解呈现以下几个方面的本质特征。

第一，从研究对象来看，基础研究的研究对象是自然界各种物质运动的客观规律以及它们之间的有机联系，是一般客观现象和可观察事物。

第二，从研究目标和意图来看，基础研究是以认识自然现象、解释自然规律为根本目的，基本使命是追求新发现、探索新规律、阐明新原理、积累新知识、创立新学说或加深对知识的理解。基础研究既能扩大人类科学知识的领域，又能为人类认识世界、改造世界提供新的理论和方法。

第三，从距离实际应用的程度来看，基础研究不一定考虑具体应用，是没有或者只有笼统的社会应用设想的研究活动，但是只要取得突破，或迟或早都会得到广泛应用。同时，随着现代科学技术的发展速度、发展模式的不断演化，基础研究与实际应用的关系越来越密切，基础研究、应用研究与发展研究之间存在着模糊的边界，以"有无直接应用目的"来界定基础研究已愈发困难。

第四，从研究的驱动力来看，基础研究既包括好奇心驱动的、以探索客观

① 梁敏. 沿海开放区域加强基础研究的战略设计[D]. 武汉：武汉理工大学，2005.
② 经济合作与发展组织. 研究与发展调查手册[M]. 北京：新华出版社，2000.
③ V·布什，等. 科学：没有止境的前沿[M]. 北京：商务印书馆，2005：63.
④ D·E·司托克斯. 基础科学与技术创新：巴斯德象限[M]. 北京：科学出版社，1999：6-7.

事物规律为目标的科学家自由探索式研究，也包括针对生产实践中提出的科学技术问题进行理论探索与实验研究，或者运用基础科学理论为解决某一类工程技术领域中的普遍性问题提供理论和实验依据的应用导向性基础研究。

第五，从主要构成上看，基础研究所涉及的内容十分广泛，既包括除探索知识外不具有任何其它目的的所谓"纯基础研究"，还包括除了以创新探索知识为目标外具有特定目标并运用纯基础研究的方法进行的所谓"应用基础研究"，等等。

2. 纯基础研究

纯基础研究是基础研究的构成部分，有文献也将"纯基础研究"称为探索性基础研究、"自由"研究、"好奇心驱使的研究"等。

联合国教科文组织定义的基础研究[①]可称为纯基础研究，即基础（或基本）研究主要是为了取得根本原理的新知识而开展的实验工作或理论工作，不考虑其有何特别的或具体的应用。

D·E·司托克斯对纯基础研究的解释是："只受认知需求的引导，不受实际应用的引导。……是一种纯粹的自由发现。这一类型的研究代表了自然哲学家们的纯思想研究，19世纪罗兰提出的'纯科学'概念、20世纪V·布什的'基础研究'概念都属于此类"。[②]

钱学森认为："在各门自然科学的基础研究中，有一类课题就是所谓纯基础研究，这类研究是以认识自然和自然规律为目的的。"[③]

朱光亚认为，纯基础研究的内容属于基础科学的范畴，其任务是探索客观事物的基本规律，发现新原理，提出新理论。通常指数学、物理、化学、天文、地理和生物学六大基础学科。

综合上述几个典型的定义可知，纯基础研究是除创新探索知识外不具有任何其它目的的研究，是对科学系统自身内部规律认识的不断拓展与深化。它包括以下几个方面的特征：

第一，纯基础研究是基础研究的重要组成部分，具有基础研究的本质特征。

第二，从研究动力来看，更多是来自科学家的好奇心驱动的研究工作，是为获取知识而进行的探索活动。

第三，从研究方式来看，主要是以科学家的自由探索为主，政府或第三方并不插手研究工作的开展，科学家保持科学研究的自主性。

第四，从研究目标来看，是探索认识客观现象和可观察事实的最基本原理、"认识取向"的研究，是专注于创造生产新知识、"生产导向"的研究[④]。包括

---

① 联合国教科文组织. 科学技术统计指南[M]. 武汉：中国地质大学出版社，1990.

② D·E·司托克斯. 基础科学与技术创新：巴斯德象限[M]. 北京：科学出版社，1999：6-7.

③ 钱学森. 也谈基础性研究[J]. 求是，1985（5）.

④ 李正风. 论基础研究功能的变化[J]. 清华大学学报（哲学社会科学版），2001（2）：62-66.

基础理论研究或理论基础研究，如在数学、物理学、化学等基础学科中纯基础理论问题的研究。

第五，从应用背景来看，纯基础研究是指除了以创新探索知识为目标外不具有任何其他目的的研究，是在认知需求引导下的无实际应用考虑的研究，不抱有任何功利性的动机，不产生直接效益，但这种研究对于长期的技术、经济、社会和文化繁荣都非常重要。

3. 应用基础研究

应用基础研究是基础研究的另一个构成，也称之为"定向基础研究"或"目标基础研究"。

对于应用基础研究的概念，钱学森认为："指有一定应用目的的开拓性或有长远发展意义的研究，是以获得某一领域的科学知识的突破为目的的。"

朱光亚认为，应用基础研究是面向应用的基础研究，其内容属于技术科学的范畴，其任务是针对生产实践中提出的科学技术问题进行理论探索与实验研究，或者是运用基础科学的理论，为解决某一类工程技术领域中的普遍性问题提供理论和实验依据。通常是工程、农业、材料、计算机科学等技术科学方面的基础理论研究。

D·E·斯托克斯认为："应用基础研究是既寻求扩展认识的边界，又受到应用目的影响的基础研究。"[①]

英国学者约翰·欧文和本·K·马丁认为，产生对广大使用者有明显利益的预期结果，尽管研究结果的使用者也可能在研究团体内，但这里的使用者是指研究组织之外的、在资助研究时就知道这一利益的人。

综合上述几个典型的定义可知，应用基础研究，它怀有这样的期望，即生产出广博的知识基础，很有可能为人们业已认识到的或所期望的趋势或未来的问题或可能性提供解决方案。应用基础研究主要具有以下几个方面的特征：

第一，应用基础研究是基础研究的组成部分，具有基础研究的本质特征，属于工程技术科学的范畴。

第二，从问题来源来看，应用基础研究既可能是从纯基础研究中深化而出的研究问题，也可能是从解决实际工程技术问题中引发的基础问题。显然，在行业、部门或企业中开展的基础研究大部分属于应用基础研究。

第三，与纯基础研究相比，应用基础研究要考虑帮助解决一些实际问题，例如来源于工程建设实践的研究问题。如工程力学、工程热物理学、计算机科学、材料科学等除了以创新探索知识为目标外还具有特定目标或其他较明确应用方向但并不具体的研究。

第四，从目的功能来看，应用基础研究是针对生产实践中提出的工程技术

---

① D·E·司托克斯. 基础科学与技术创新：巴斯德象限[M]. 北京：科学出版社，1999：6-7.

问题进行理论探索与实验研究，或者运用纯基础理论为解决某一类工程技术领域中的普遍性问题提供理论和实验依据。

4. 应用技术基础研究

"应用技术的基础研究"是钱学森在《也谈基础性研究》中提出来的一个重要概念。钱学森认为："我之所以提出应用技术的基础研究，是要加深我们对应用技术基础研究的认识。因为现时人们谈到应用基础研究的时候，往往指的是应用科学的基础研究，忽视了应用技术的基础研究，而这恰恰是我们当前许多关系国计民生的重大产业过不了关的原因所在。"

应用技术基础研究在国外文献中并没有出现，具有"中国特色"。钱学森对此认为："应用技术的基础研究，从我们国家的具体情况来说，大量的带有补课性质，主要目的不是获得新的突破，而是把国外已有的先进技术真正掌握起来，不仅要知其然，而且要知其所以然，以便更好地消化吸收，真正为我所有，为我所用，从而建立其自己的技术基础。"

综合钱学森对对应用技术研究的阐述，可以概括出应用技术基础研究的本质特征：

第一，应用技术基础研究属于基础研究的范畴，具有基础研究的基本特征。

第二，应用技术基础研究的研究目标是消化吸收国外探索取得而我们并未掌握的新知识，是一个特定历史阶段、具有中国特色的一个概念。

第三，应用技术基础研究的研究问题主要来源于工程建设实践，主要目的是解决生产实践中遇到的具体问题。

5. 基础性研究

在 1989 年召开的"全国基础研究和应用研究工作会议"上，国家科委正式提出了"基础性研究"的概念。自此，"基础性研究"这一概念和提法在相当长时间内被我国科技政策制定者和研究者所采纳。时至今日，"基础性研究"的提法，在国防科技领域仍然得到了应用。

根据当时国家科委的定义，基础性研究即"基础研究和应用基础研究"，具体内容包括：以认识自然现象、揭示客观规律为主要目的的纯基础研究；围绕重大或广泛应用目标，探索新原理，开拓新领域的定向性研究；对基本科学数据系统地进行考察、采集、鉴定，并进行综合、分析、探索基本规律的工作。[①]

著名科学家钱学森在这次会议上做了《也谈基础性研究》的发言[②]，认为"基础性研究"等于"基础研究（纯基础研究）"加"基础应用研究"。钱老认为"基础应用研究"比国家科委的"应用基础研究"用词更加确切。这点他在《再谈基础性研究》中曾论述过："因为基础研究就是还不知道要用到什么地方。所

---

① 宋健. 加强基础性科学研究是一项具有重大战略意义的政策[J]. 求是，1989（5）：2-4.
② 钱学森. 也谈基础性研究[J]. 求是，1989（5）.

以，我觉得应该称之为基础应用研究，而不是应用基础研究。这方面的例子很多，如高温超导、集成电路的进一步发展研究都是这一类问题。"①至于基础研究，他说道："这是探索客观世界规律的学问，意味着现在还不知道它到底有什么用处。不过，要改造客观世界，必须先认识客观世界。"②③也就是说，进行基础研究既是重要的，也是首要的。

1989年，中国科学院科技政策与管理科学研究所的顾淑林发表文章，提出了一组按照研究对象的性质来定义基础研究的分类标准：①自然科学一般规律/原理的研究；②工程技术、农业、医学等应用科学领域一般规律/原理的研究；③基础资料系统收集与分析；④针对某项重要的技术/方法的原理与规律的研究。顾淑林等人将上述研究称为"基础性研究"。

1997年，中国科学院的许智宏在《关于基础性研究工作的几个问题》中说道："基础性研究的目的是探索自然规律，为认识世界和改造世界提供理论和方法，是科技发展、经济振兴和社会进步的基础。"②

褚君浩在1998年的《中国科学院院刊》中发表论文表示："基础性研究有两种类型的研究方式，第一种是根据国家高技术发展的迫切需求，提出带普遍性的科学问题，解决这些问题，从更高的层次上推动高技术的发展；第二种是根据学科自身发展的需求，在学术前沿进行创新研究，推动学科发展，同时注意可能的应用。这两种研究方式都要以探索、发现和研究新现象、新效应、新规律，总结科学规律为基础，都要以潜在的可能应用为背景。"③

栗宜明在《谈基础性研究的几个问题》中表示："基础性研究是新发明、新技术的源泉，是高新技术的先导和基础。基础性研究的最终结果，必然导致新技术群的形成和新产业群的诞生。"同时，"基础性研究是国防技术研究的基础，是军事技术发展的前提，是国防力的重要内容之一，是综合国力的重要方面。"④

近年来，国内一些科技管理部门也提出了自然科学中的基础性研究的概念，内涵基本上都包括了基础研究、应用基础研究、甚至某些应用研究。

总体来讲，基础性研究的基本特征可以从以下几个方面进行理解：

第一，基础性研究是具有我国特色的关于基础性科研工作的一种提法。虽然这一提法目前在我国官方正式的科技政策和文件中逐渐淡出（被基础研究取代），但作为科学研究的一种表达，其在我国科技管理者、政策制定者、科研工作中仍然被广泛应用。

第二，从内涵来看，基础性研究主要是指对经济社会发展、国防军队建设

① 钱学森. 再谈基础性研究（节选）[J]. 北方园艺, 1992（6）.
② 许智宏. 关于基础性研究工作的几个问题[J]. 中国科学院院刊, 1997（4）.
③ 褚君浩. 对基础性研究的几点看法[J]. 中国科学院院刊, 1998（2）.
④ 栗宜明. 谈基础性研究的几个问题[J]. 吉林大学社会科学学报, 1993（4）.

具有基础性支撑的研究工作，包括以认识自然现象、揭示客观规律为主要目的的纯基础研究，围绕重大需求或广泛应用目标的应用基础研究，以及相关的科学数据考察、采集、分析工作等。

第三，基础性研究对象的成果不仅在理论体系或应用环境中是前提性的，而且还是在经济、社会、军事领域影响较为重大的研究。它不是以"是否有特定的应用环境"作为研究分类的度量和分界线，所以基础性研究与基础研究是有所区别的。

6. 国防基础研究

国防基础研究是以军事应用为目的进行的探索新思想、新概念、新原理、新方法、新材料的科学研究活动，为解决武器装备研制的技术问题提供基本知识，[①]以及为自主掌握核心技术而开展的理论性研究工作。其目的在于取得新的军事技术优势、为国防科技和武器装备创新发展奠定坚实的基础，满足的是军事领域的当前或未来需求，从属性上讲显然属于应用基础研究的范畴。

对于国防基础研究的辨析，从不同的视角出发有不同的分类和表达。从国防基础研究发展的动力来看，国防基础研究可以分为两类：一是着眼需求牵引，即基于现有军事系统需求的"渐进式"研究，其有明确的任务背景或需求背景，主要满足的是现阶段武器装备研制工作的实际需要。二是立足科技推动，即着眼于未来国防需求、应付远期防务挑战的"变革性"研究，其一时尚无具体任务背景，主要关注科技发展所带来的机遇，能够为未来国防科技和武器装备的突破性创新和新的军事能力的形成奠定基础。前者逐步提高技术发展水平，后者则为突破性创新和形成能力奠定基础。

总体来讲，国防基础研究具有以下本质特征：

第一，是以军事应用为目的进行的科学研究活动，具有基础研究的基本特征，属于应用基础研究的范畴。

第二，强调可能的或潜在的应用领域为军事，尽管可能转化应用到别的领域，但军事应用是其初衷所在。

第三，研究目标主要为国防建设、国防科技发展和武器装备研制服务。

第四，应用技术基础研究是我国国防科技基础研究的重要组成部分，这是我国国防科技发展跟踪模仿过程中特有的研究，是由我国国情、军情和武器装备发展阶段牵引出来的研究。

7. 民口基础研究

尽管基础研究、纯基础研究、应用基础研究、应用技术基础研究、基础性研究和国防基础研究等概念可以通过其内涵、应用目标和本质特征予以区分，但受研究人员对研究导向的主观影响，这些概念相互之间具有很大的衍变性和

---

① 刘书雷，沈雪石，刘长利，等. 国防基础研究的战略地位、发展特征及主要启示[J]. 中国基础科学，2011（2）.

跃迁性，在科研组织实践中这些研究的边界则存在较大的模糊地带，不可能将它们彻底区分开。这一方面是由于认识、制度、管理、政策、文化、传统等造成的，另一方面则是因为基础研究与实际应用的关系愈来愈密切，纯基础研究、基础研究和应用研究之间不是线性衔接关系，而是相互连接的统一体，不可能也没必要将它们彻底区分开。

从学术研究的角度来看，本课题重点关注"民口基础研究"向国防领域的转化应用问题，对"民口基础研究"概念内涵的研究涉及本文研究边界的明确和界定。结合我国基础研究开展的实际和国防建设对基础研究的需求，本文所提"民口基础研究"主要是指以民口科研力量为主体开展的、以非军事应用为目的进行的探索新思想、新概念、新原理、新方法、新材料的科学研究活动。其具有以下主要特征：

第一，从研究主体来看，"民口基础研究"主要由中国科学院、民口科研院所、地方高等院校和企业等非国防科研力量，在国家科研计划资助支持下或者由科学家自发开展的基础理论创新活动。

第二，从研究动机和意图来看，以深刻认识自然现象，揭示自然规律，获取新知识、新原理、新方法等为基本使命的研究，不去考虑研究是否有直接的应用目的。不管是应用驱动的还是好奇心驱动的研究，只要产生了对自然现象、原理、规律等新的基本认识和新发现的研究，都可以列入本书所指民口基础研究的范畴。

第三，从研究的对象来看，基础研究可分为自然科学基础研究和社会科学基础研究等，本文主要论述自然科学的基础研究。

第四，从研究的领域来看，结合我国国情、军情和国防发展建设实际，从基础研究对国防领域的支撑功能来看，本书所考虑的"民口基础研究"主要包括两类：一是具有可能或潜在军事应用前景的"近纯"基础研究。侧重于在民口纯基础研究成果的基础上，探索其在军事应用上的可能性，主要包括技术物理、应用化学、应用数学等应用基础科学领域的研究。二是具有"泛"军事应用目标而没具体军事应用目标的应用基础研究。侧重于运用民口基础科学的理论，解决国防和军队建设的普遍性基础问题，主要包括民口在材料科学、计算机科学、电子学等基础技术学科，以及学科交叉融合形成的新兴领域的研究。应该说，我国民口科研力量在上述两类基础研究方面均有很好积累，如何挖掘其军事应用价值，架起军民双方的桥梁，推动其向国防领域的转化和应用，是本课题需要解决的核心问题。

需要说明的是，上述论述并不是苛求给出能得到业界普遍认可的"民口基础研究"的定义和描述，只是从本课题开展的角度给出研究的边界和范畴，以便更好的聚焦研究内容。对于其他不同的研究和应用背景，对这一概念可能会存在不同的认识和理解。

1.3 基础研究的成果形式

狭义上，基础研究成果主要指基础研究过程中发现的新规律、新原理、新理论、新方法等，是人们对自然界的客观认识，可以为应用技术的发展提供理论基础，产生重大技术创新。广义上，基础研究成果既包括狭义成果，还包括研究过程中产生的隐形知识、培养的高素质科技人才，以及为开展基础研究发明的新工具、新手段等。本报告提到的基础研究成果主要是指广义上的基础研究成果。

综合考虑基础研究成果的普遍性特点及直接应用的可能性，可以将基础研究成果划分为"知识形态""智性形态"和"物形形态"等三类具有不同特点、展现形式和转化需求的成果形式，如表 1-2 所列。

表 1-2 基础研究的成果形式

类别	概念	特点	表现形式	例子
"知识形态"成果	研究过程中发现的新规律、新原理、新理论、新方法等	具有公开化、国际化等特征，理论上任何国家、任何个人都能传播和共享，是一种"知识"化的成果	学术论文、研究报告、定理、公式、理论等	牛顿的运动三定理，爱因斯坦的质能方程
"智性形态"成果	研究过程中产生的难以用文字表达，不易于扩散的隐性知识	隐形、积累时间长、不易扩散，内隐于基础研究科学家，是一种"人"化的成果	从事基础研究的科学家和研究人员	基础研究人员
"物形形态"成果	基础研究过程中产生的可直接应用的物化成果	一种物化的成果，对转化的要求相对较低，经过二次技术开发就可应用，甚至可直接应用，是一种"物"化的成果	可直接应用的工具、材料等	碳纤维、核磁共振仪

1. 知识形态："知识"化的成果

"知识形态"基础研究成果是指研究过程中发现的新规律、新原理、新理论、新方法等，是人们对自然世界的客观认识，其表现形式主要是学术论文、研究报告、定理、公式、理论等，是基础研究成果的主体。"知识形态"基础研究成果具有公开化、国际化等特征，具有公共产品属性，理论上任何国家、任何个人都能传播和共享。但实际上，由于很多国家会对应用前景较好的基础研究成果进行封锁，以及发现此成果的基础研究人员对成果的认识、理解更加深入，"知识形态"的基础研究成果一般最先在本国应用，效益最先留在本国。

"知识形态"的基础研究成果既可以为技术发展提供理论基础，也可以直接用于指导生产活动和作战实践。在国防领域，"知识形态"的基础研究成果一方面可以作为装备技术发展的基础，为武器装备研制提供理论支撑。如电磁波理论和 X 射线理论分别为雷达和 X 射线照相机的发明提供了理论基础。1922年，意大利的 G·马可尼提出用无线电波探测物体的理论。根据此理论，20 世纪 30 年代初，欧美一些国家开始研制探测飞机的军用雷达。1936 年和 1938 年，美国和英国先后研制出能探测到数十千米外的飞机的脉冲雷达①。第一次世界大战前，德国物理学家伦琴在研究阴极管放电现象时发现 X 射线，并发现其具有极强的穿透性，可以将隐藏在屋子内部的东西曝光在感光胶片上。第一次世界大战时，技术人员基于此研究成果发明了 X 射线照相机，广泛应用于战场伤员救治，迅速精确地确定伤员体内弹片的位置，大大减少伤员出血量，减轻伤员的痛苦，缩短康复时间。另一方面，"知识形态"的基础研究成果也可以直接应用于作战，指导作战行动。如第二次世界大战时，法西斯德国实施"无限海战"，利用潜艇袭击盟军的商船。开始阶段，盟军的商船采用分散策略通过德军潜艇封锁的海峡，但经常被德军发现，损失惨重。后来，数学家通过概率分析发现集中通过德军潜艇封锁的海峡时被发现的总概率更少。盟军采用集中通过策略后，盟军商船的损失果然大大减少。

由于"知识形态"基础研究成果主要是理论、原理、方法等知识，一般不能直接应用，需先首先转化为技术、产品，或者进入人的知识结构、影响人的思维，才能最终应用。"知识形态"基础研究成果的转化应用既需要对相关知识的深入理解，也需要具备较高的技术支撑条件，对转化过程具有较高的要求，一般可通过两种方式进行转化应用。一种是成果供体通过多种途径（论文发表、学术交流等）将成果移交或传递给成果受体，由其结合具体应用实践进行技术开发、扩展应用，实现转化应用。这种方式适用于成果受体对该基础研究成果具有较好的技术理解力和技术支撑条件的情况。另一种是成果供体针对相关的应用需求或应用实践，直接在基础研究成果的基础上进行技术开发和实践应用，实现基础理论向应用实践的转化。

2. 智性形态："人"化的成果

基础研究在产生论文、报告等知识形态成果和工具、材料等物化的物形形态成果的同时，也会培养大量高素质基础研究人员。这些基础研究人员在研究过程中培养掌握的大量难以用文字表达、不易于扩散的经验等隐形知识，就是"智性形态"基础研究成果，是一种"人"化的成果。"智性形态"的基础研究成果具有"隐形""积累时间长""不易扩散"等特点。"隐形"是指这类形态的成果一般内含于研究人员的能力素质，难以用文字简单明了地直观表述出来；"积累时间长"是指这类成果是研究人员在长期基础研究工作中形成的经验总结

---

① 温熙森，匡兴华.国防科学技术论[M]. 长沙：国防科技大学出版社，1995.

和知识积累，是经过长时间的累积产生的；"不易扩散"是指这种成果一般依附于独立的基础研究人员，很难将其直接转移给别人，或形成可显示表述的知识，可直接应用的产品。

"智性形态"成果的载体是从事基础研究的研究人员，他们在长期开展基础理论创新和实践的过程中，积累沉淀了大量的科学理论知识，培养了丰富的研究创新技能，煅塑了综合解决问题的能力和方法，为其快速、高效地开展相关创新工作奠定了良好基础。如从事无线天文基础研究的研究人员在研究过程中会开展大量的计算机程序开发、无线接受器构建、数据分析处理算法设计等工作，可以为其以后从事电信、计算机等行业的工作奠定良好基础。"智性形态"成果向国防领域的转化应用，主要通过掌握大量隐性知识的基础研究人员参与国防相关技术研究或直接参与作战应用两种方式进行。

作为"智性形态"成果载体的创新人才具有丰富的科学知识储备，经历过高水平的科学研究训练，在成果转化过程中具有较好的适应性，能够在经济、社会、科技、军事等多个方面有效发挥作用。发达国家的成功经验表明，在基础研究中培养的"智性形态"成果源源不断地进入社会政治、经济、文化、国防、工业、企业等各行各业，大大提升了现代社会的创新能力。[①]

3. 物形形态："物"化的成果

"物形形态"基础成果指基础研究过程中产生的可直接应用的物化成果，如研究过程中发现的新材料，为保障研究工作顺利进行而发明的新仪器、新设备等，是一种"物"化的成果，也是一种"物"化的知识。比如，英国化学家珀金（Perkins）在基础化学的研究过程中，发明了合成茜素。化学家拜尔在有机化学的研究过程中，发现了人工合成靛蓝，为靛蓝的工业化生产奠定了基础[②]。20世纪90年代，清华大学开展了基础研究"X波段（3cm）微型电子直线加速结构的研究"，掌握了研制X波段驻波加速管的关键技术，研制出第一只X波段 2MeVB 全密封轴耦合驻波加速管，并直接应用于车载移动集装箱式检测系统。又比如，化学家在基础研究过程中，为区分物质中不同原子以及相邻原子间的相互作用发明了核磁共振仪，就是一种典型的"物形形态"基础研究成果。"物形形态"基础研究成果作为一种物化的研究成果，与其他类型的基础研究成果一样，也可以向应用技术领域转化，推动应用技术发展，甚至可以直接进行应用，满足相关的应用实践。

由于基础研究的主要目的是探索客观世界的本质和运行规律，主要成果是新理论、新原理等，"物形形态"基础研究成果在所有基础研究成果中所占的比例最少。"物形形态"基础研究成果具有物化、直接等特点。物化是指"物形形态"基础研究成果是一种物化的成果，是科学技术的直观表达形式，一般是一

① 王福涛. 我国国家重点实验室发展战略研究[D]. 武汉：华中科技大学，2004（4）.
② 刘立. 基础研究政策的理论与实践[M]. 北京：清华大学出版社，2007.

种具体产品或工具。直接是指对转化的要求相对较低，一般经过简单的二次技术开发就可应用，甚至可直接应用。比如，在核磁共振仪的基础上，经过简单的技术开发发明了医用核磁共振仪，广泛应用于脑、腹部等人体组织内部病变情况的检查，显著改善人类生活。

1.4 基础研究的一般特征

1. 基础研究的探索性

基础研究要扩展已知的规律、进入未知的领域，因而研究结果通常不能被精确地预见，具有很大程度的探索性和不确定性，许多最重要发现的线索往往来自意外出现的现象。基础研究的探索性主要表现在四个方面：

一是研究结果的不确定性。基础研究长期的探索可能会得到肯定的结果，也可能会得到否定的结果，还有可能得到与设想无关的意外的结果。然而，一旦取得突破，其作用将十分巨大，不仅能为本学科开辟新的领域，往往还会带来相邻学科的开拓性进展。

二是研究领域的难以选择性。基础研究究竟何时、何地、在哪个研究领域、研究项目上取得突破，是难以准确把握和具体预测的，人类只能根据科技发展趋势的分析大致分析估计其可能的发展方向。

三是研究周期的相对长期性。由于基础研究需要更为丰富的知识积累和反复的探索，具有很大的不确定性，其研究周期相对应用研究和发展研究往往较长，有的甚至成为世纪难题。

四是研究经费不可预见性。上述特点使得基础研究形式分散多样，各类型研究项目的研究经费相差甚大，有的可能需要反复追加，因而基础研究的研究经费难以预测。

2. 基础研究的先导性

先导性是基础研究的基本特点，其先导性主要通过人才储备、知识储备和变革先导等三个方面进行表现：

首先，表现在人才储备方面。基础研究往往以世界顶尖一流的学术带头人为核心，吸引、凝聚并维系着一大批学识渊博、作风民主、思维严谨、献身科学、勇于创新的科学家，形成具有良好科学传统、工作条件和学术氛围的研究基地；同时，往往可以利用基础研究的人才、条件和环境，培养造就大批下一代从事科学技术研究的科学家和工程师。因此基础研究基地是"筑巢引凤"维持当今优秀人才的理想场所，是培养造就未来科技人才的摇篮，是人才储备的天然园地和沃土。

其次，表现在知识储备方面。当代科学技术已发展为一个十分庞大的体系。基础研究以开拓新的研究领域、追求新的发明发现、探索新的自然规律、阐明新的基本原理，积累新的科学知识、创立新的学说体系为目的，研究范围大至宇宙的结构和演化，小至基本粒子的模型，简单的如一个刚体的运动，复杂的如生命的起源和演化，基础研究成果构建起整个科技大厦的基石，丰富着人类认识自然、认识自我的基本知识。

第三，表现在变革先导方面。无论是从基础研究对社会进步、经济发展和国防建设等所起的历史作用来看，还是从基础研究对应用研究、发展研究的逻辑关系来看，或是从基础研究的过程和方法来看，基础研究的重大突破都对技术革命、产业革命、军事革命乃至技术突袭具有先导作用，这类突变是以长期的不显著的量变为前提的，基础研究丰富的人才储备和庞大的知识储备对于推动科技、军事、产业从量变到质变具有重要先导作用。

3. 基础研究的公共性

基础研究的理论成果是国际化的，具有公开性。即基础研究是从科学实践中抽象出来，又被科学实践所证实的理论性工作，是反映客观事物本质和规律的概括性的知识体系，因此具有内容上的客观真实性、结构上的逻辑完备性和功能上的科学预见性。这类成果一旦取得，应当在世界范围得到普遍验证，成为全人类共同的财富。同时，相对于应用研究和发展研究而言，基础研究核心是科学发现和知识发现，需要良好的学术交流环境，需要并适于进行国内、国际的广泛交流与合作，以互通信息、互换情报、互相启迪，加速研究进程。

然而，基础研究的"公共产品"特性并不是指人们可以直接引进科技先进国家的基础研究成果，而不需要做独立自主的研究。实际上，很多国家出于政治、军事等方面的考虑会进行技术封锁，所以依赖他人的基础研究也就代表着国防科技和武器装备的自主发展也会受制于他人。而且，从基础研究转化的效益来看，基础研究与基础研究成果的应用与地理距离成反比，与民族的共同性成反比，即基础研究的效益大都留在本国，通俗地讲，基础研究的"肥水"大部分还是流在自己的田里。许多研究都表明，当技术向国防领域转化时，基础研究的"公共产品"属性便会大打折扣。一国要想理解和应用别国产出的基础研究成果，不但自己必须在研究机构、技能、仪器和网络上作相应的建设，而且转化效果相较于基础研究输出国会更差一些[①]。

4. 基础研究的军民两用性

虽然根据需求层次、领域行业和应用范围的不同，在科研活动实际中基础研究有国家基础研究、国家安全基础研究、国防基础研究、能源基础研究、农业基础研究、卫生健康医疗基础研究等概念区分。但基础研究以探索新现象，产生新思想、新方法、新原理为基本使命，基础研究成果从根本属性而言，国防基础研究与民用基础研究，本身没有差别，并无显著的军民用之分，也无绝对

① 刘立. 基础研究政策的理论与实践[M]. 北京：清华大学出版社，2007.

的军口基础研究和民口基础研究之别，只是研究的动机不同、应用的领域不同。

作为探索性的基础研究，一开始并不一定具有强烈的应用目的，正如人们不是为造原子弹和核电站，才开始研究核物理的，而是先有了核物理研究的突破，才有了原子弹、核电站等一系列应用。①民口基础研究的长足发展和快速进步，为国防基础研究提供了良好的环境、奠定了坚实的基础。同时，国防基础研究通过推广应用向民用领域转移，也能极大地促进国民经济的发展。如美国国防高级研究计划局（DARPA）资助进行的"分组交换"研究，导致了 Internet 网的大发展，开拓了网络经济新时代。在基础研究领域最应该、也最容易实现"军民结合、寓军于民"，通过军民融合、双向转移，不但军方受益，国家科技发展也将得到极大促进。国防基础研究也应该融入到国家基础研究中去，通过建立沟通协调机制，形成制度化、程序化的办法规范，一方面，把国防科技方面的需求和国防基础研究的情况，反映到国家基础研究工作中去，另一方面，把国家基础研究的成果及时用于国防科技工作。

1.5 基础研究在国防建设中的战略地位

1. 国防科技发展的先导和源泉

基础研究是科技发展的重要源头。在人类文明史上，曾经有很多实用发明的进步走在有关现象的理论知识进步前面。但近一百年以来，科学、技术、生产之间的关系出现了新的变化趋势：科学理论往往超前于技术和生产，并引起技术和生产的革命。基础研究的重大突破，将使人类认识世界和改造世界的能力大大提高，对国防科技创新、武器装备发展以及国防现代化建设产生重要的推动作用。例如，量子理论促成了半导体集成电路和激光器的发展，相对论及原子核的科学理论导致了核技术的发展和原子能的应用，而耐高温发动机材料、视频成像、全球定位、电子计算机、激光器、无人系统等重要的武器装备变革，也都是美国国防高级研究计划局（DAPAR）长期坚持基础研究取得的成果。基础研究是导致武器装备产生质的飞跃直至引发军事技术变革的动力，是国防科技发展的先导和源泉，是获得技术优势、军事优势和战略优势的重要基石。

2. 武器装备可持续发展的保障

国防领域的基础研究旨在针对国防科技和武器装备发展中的科学技术问题进行理论探索和实验研究，关注的是提高当前和未来军事能力所需的重大发现和理论突破，奠定武器装备可持续发展的基础。一旦突破，将对国防科技和武器装备的发展产生巨大的推动作用，是实现国防科技和武器装备可持续发展的重要途径。国防科技的可持续发展、新军事变革的物质和技术基础都越来越

---

① 洪明苑. 关于我国自然科学几次研究的思考[J]. 科学，1997（1）.

依赖于基础研究的成果，依赖于这些研究孕育的优秀人才。技术上占优势的军事力量的发展和维持，无不依赖于一个持续而有成效的国防基础研究计划，世界各主要军事强国都在加强国家目标导向的战略性基础研究，重视一些目前尚不成熟，但一旦取得突破就可能对武器装备和作战产生重大影响的基础研究，重视针对国防科技和武器装备发展中的基础理论问题开展理论探索和实验研究。只有实现基础研究大的发展，才能不断为解决国防科技和武器装备可持续发展中重大关键问题和瓶颈问题提供新的途径。基础研究的不断探索、不断创新、不断进步，是实现国防科技和武器装备可持续发展的重要保障。

3. 军事竞争的重要战略资源

随着科学技术发展的飞速发展和世界新军事革命不断向纵深发展，国防科技水平和武器装备的竞争进一步向原始创新前移，军事领域的竞争将更加倚重于科学创新，基础研究的地位和作用更加凸现。基础研究已成为具有重要战略意义的国家资源，拥有充足的基础研究成果和大批高水平的创新人才是一个国家跻身军事强国之列的必要条件。作战指挥、军事行动等也需要基础研究理论支撑，历史上基础研究曾经在军事对抗中发挥了重要作用。如第二次世界大战期间，英军船队在大西洋里航行时经常受到德军潜艇的攻击。而英国空军的轰炸对潜艇几乎构不成威胁。英军请来一些数学家专门研究这一问题，结果发现，潜艇从发现英军飞机开始下潜到深水炸弹爆炸时止，只下潜了 7.6m，而炸弹却已下沉到 21m 处爆炸。经过科学论证，英军果断调整了深水炸弹的引信。使爆炸深度从水下 21m 减为水下 9.1m，结果轰炸效果较过去提高了 4 倍。[①]目前，世界主要军事强国都把基础研究作为提升军事竞争力、保障国家安全的战略资源进行超前部署，不断优化研究领域，加大基础研究投入和条件建设，培育和发掘新的技术机遇，积极抢占未来国防科学技术的制高点。

4. 创新人才和团队培育的摇篮

基础研究具有高度的探索性和独创性，既有个体式的小科学研究，更有群体式的大科学研究，不仅需要非凡的科技帅才，同时还要依靠创新的科研团队，通过人员知识结构的优势互补，为基础研究的突破提供强有力的支持，实现高水平创新成果与高水平研究群体的有机统一。同时，基础研究不仅培养科学家，而且不断地为科技进步和武器装备发展输送具有综合解决问题能力和创新能力的优秀人才。在国防基础研究中培养的创新人才源源不断地进入国防和军队建设各个领域，将大大提升国防科技的创新能力，带动高新技术武器装备的飞速发展。因此，基础研究不仅是培养高层次科学与技术创新人才的摇篮，也是培养创新团队的孵化器。正如美军基础研究的重要目的就是"维持一批利用新知识寻求新作战能力的科学家与工程师"，以及"培养在国家安全至关重要的领域

---

① 张国权，张轶铭. 成功运用数学的海上作战[J]. 国防科技，2007（3）.

工作的下一代科学家和工程师"。

5. 建设先进军事文化的基础

人类在探寻规律和追求真理的过程中凝结成的科学与人文精神,以及基础研究所汇集的智慧结晶,促进了人类精神的一次又一次解放,不断丰富和发展了引导人类走向文明的先进文化,如哥白尼的"日心说"打破了宗教神学的精神桎梏;牛顿力学理论体系的建立引发了18世纪的启蒙运动,树立了理性与科学的权威。基础研究具有求知与求真的内在本质特征,重视逻辑推理、探索真理、坚持真理,是先进文化的重要组成部分。基础研究的发展创新及在军事领域的传播应用,不仅可以为国防科技发展和武器装备建设提供强大知识与人才支撑,也有利于在全军官兵中形成一种崇尚科学、破除迷信的风尚,有利于形成一种探索真理、坚持真理的内部氛围,对于建设与弘扬面向现代化、面向世界、面向未来的民族的、科学的、大众的先进文化,推动强国梦、强军梦的实现具有十分深远的历史意义。

第2章 影响基础研究转化应用的基本要素

民口基础研究向国防领域转化应用，是将一定形态的民口基础研究思想、原理和资源等，经过适应性研究、改造和转化，移植应用于武器装备研制、国防科研生产、作战指挥等国防应用的一种技术开发和军事应用活动。总体来看，基础研究向国防领域的转化应用是一个复杂的系统工程，受到的影响要素较多。这些要素是体制的、机制的、管理的、环境的等诸多相互联系的要素组合而成的有机整体。通过对要素构成及其联系与运作的系统研究，可以为设计牵引民口基础研究向国防领域转化应用的体制机制提供科学依据和理论支撑。

一般而言，开展基础研究转化应用活动是以特定形态的基础研究成果为目标对象，以相关的管理、科研等领域人力资源为依托，在一定条件基础（如经费、条件、设备等）的支撑下，通过管理、应用、科研等方面的创新活动共同催生出各种形式的产出，满足国防和军队建设特定方面的需求，并丰富相关人员的知识和经验积累。在转化应用实践活动中，国家、军队、社会等外部转化环境、转化机制作为外生变量存在并对转化应用实践过程产生影响。因此，影响基础研究转化应用的主要因素有："研究水平""人员队伍""条件基础""转化机制"和"文化环境"等。

2.1 基础研究水平

基础研究向国防领域转化能力的高低首先取决于可用于国防领域的基础研究水平的高低。虽然基础研究是国防科技进步的先导，是武器装备自主创新的源泉，但其实用意义并不是立竿见影的，它在装备发展、国防建设和作战指挥中的应用可能是一个逐渐显现、长期发展的过程。

由于基础研究的探索性、先导性和公共性，很多人认为，基础研究的产出是免费物品然而这是不可能的。当基础研究向国防领域转化时，它不再属于"公共物品"的信息而是知识。信息可以在全球各地自由地流动，知识却内含于人的头脑中。知识的流动性远比信息的流动性差。[1]这也是欧洲小国大力投资基础研究的原因。[2]任何国家或企业如果想从别处基础研究那里获得学术上和经

---

[1] Narin F, et al.The increasing linkages between US technology and pubilc science[J]. Research Policy, 1997（26）：317-330.
[2] 刘立. 基础研究政策的理论与实践[M]. 北京：清华大学出版社，2007.

济上的收益，只有在它们进入了国际合作和交流的网络之中才能实现。一个国家要加入国际知识合作与交流网络，是需要成本的，而且成本是相当高昂的。需要在基础研究方面进行一系列的投资，包括研究机构、技能、仪器和网络上的投资等。

这种观点忽略了独立自主的基础研究的重要性，认为基础研究可以从科技先进的国家直接引进，而我们只需要把转化阶段的应用技术做好就可以了。这种看法是短视的，会导致不可持续的转化。依赖他人的基础研究意味着武器装备发展和国防建设可能受制于他人，意味着我们永远都不可能有国际领先的基础研究，意味着我们永远不能转化出高人一筹的武器装备。

2.2 人才队伍

高水平专业化的人才队伍在实现基础研究转化应用中起决定性作用，既具有实践性又具有能动性，是整个转化体系中最活跃的因素。一般意义上看，推动基础研究向国防领域转化需要四种关键人才：[①]

一是高水平的基础研究人才，即一流的、具有深厚理论基础的基础研究科学家，对基础研究成果具有较深的理解力和认知力，可对基础理论成果的科学性和先进性进行判断。

二是高水平的工程技术人才，即具有丰富实践经验的工程技术领域专家，可对理论成果的可实现性进行判断，从技术机理层面进行攻关，直接承接基础研究的转化应用工作。

三是专军事懂需求的军事领域人才，即军事训练、作战指挥、国防建设等领域的高水平专家，对军方需求有比较明确的把握，可对基础研究成果在军事上的应用价值进行分析。

四是专业化的转化应用人才，即具有相应的技术基础和知识结构、懂科技专管理的高水平专业化转化管理机构和人才队伍，可以推动和牵引转化工作的有效开展。

上述不同领域的专家群体和人才队伍相互协作、各尽其能、共同作用，通过工作上的配合、知识上的融通、实际中的交流，共同推动支撑基础研究向国防领域转化应用工作的实施。具体来讲：

首先，高水平的基础研究人才是提高对基础研究的理解力和认知力，推动转化的前提。新古典经济学或主流经济学认为，知识一旦被生产出来，对所有人和企业都是免费可得的，包括那些对知识的生产没有作出贡献的个人或企业，此即所谓的"免费搭车"现象。然而，演化理论批判这种把知识看作信息的观

---

① 屈婷婷，刘书雷. 基础研究向国防领域转化应用机理分析[J]. 科学管理研究，2016（6）.

点。把知识视为信息的观点，严重低估了知识的内涵性，即知识是内含于特定的研究者的；也严重低估了知识的根植性，即知识是根植于研究者所处的社会和制度网络之中的。知识绝非人人都可以免费享用的，只有那些有着合适的教育背景和身处在特定科技网络中的研究者，才可能免费享用，[①]由此可见具有深厚理论基础、了解掌握本基础研究领域国际最新进展和国内发展态势的基础研究领域科学家在转化工作的关键地位。

其次，高水平的工程技术人才是把基础理论向现实战斗力转化应用的具体承担者，是推动转化应用的基础。正如钱学森在《论技术科学》中以原子弹和雷达为例，指出："纯科学上的事实与工业应用间的距离现在很短了。……为了使工业得到有成效的发展，他们（纯科学家和工程师）间的密切合作是不可少的"[②]。工程技术人才需要智能、技能和行动能力。其中支持智能的基础主要来自理论知识，包括科学思维能力等。知识的掌握并不意味着智能的提高，只有知识的运用才能体现出智力能力。技能一般用于解决工作和生活中有明确目标和确定性结果、可以用指标评价的问题。在现代意义上来说，技能不仅是通过训练而熟练掌握的技术能力，也是以技术原理性、专门方法性知识、程序规范性知识等方面专业知识的掌握和运用为重要基础。行动能力是现代社会要求应用型人才必备的能力，包括表现能力、表达能力、组织能力等。一个工程技术人员如果没有丰富的基础理论知识，就不会有广阔的视野，其思维能力、想象能力和创造能力必定会受影响，其水平就会下降；如果知识博而不精、能而不专，那么他就不能知道别人站在什么地方，有些什么问题不能解决，只能跟在别人的后面，这势必使他的各方面能力得不到有效发挥。[③]所以，高水平的工程技术人才需在这几个方面具备较高能力，才能更好的承担转化应用任务。

再次，专军事懂需求的军事领域人才是科学把握军事需求，确保转化正确方向的关键环节。高水平军事领域人才是国防建设的直接参与者，也是国防科技和武器装备建设的最终用户，对军事需求有比较直接的理解和把握，可对基础研究成果的军事应用价值进行分析判断，为基础研究成果的评估遴选提供支撑，确保基础研究向国防领域转化方向的正确性。如 DARPA 是美国国防部促进基础研究向军事应用转化的重要桥梁，DARPA 在确定支持项目时，注重与各级军事部门和军事人员的密切交流，通过定期对军事基地、司令部、训练中心等军队单位进行参访和调研，广泛征求军队最关心且难以解决的问题，重点研究未来军事指挥官可能需要什么，积极挖掘限制美军能力的薄弱环节，探索以创新技术解决挑战的可行性，以期在"远期基础研究与近期军事应用之间架起一座桥梁"。DARPA 还探索建立了作战联络员制度，各军种派遣作战联络员

① 刘立. 基础研究不是免费物品[J]. 中国科技论坛, 2002（12）.
② 钱学森. 论技术科学[J]. 科学通报, 1957.
③ 殷国仕. 浅谈工程技术人员的知识结构与再教育[J]. 湖南水利水电, 2006（6）.

配合 DARPA 制定技术研发计划，同时协助将各种新技术转移到各军种，使技术更好地满足各军种的需求。

最后，专业化的转化人才队伍是推动转化工作科学、高效开展的关键，是提高转化工作的科学化、规范化、专业化，提高转化管理成效的重要保障。随着科学技术专业化、融合化程度不断加深，高水平、专业化的转化人才队伍在科技成果转化中发挥的作用愈加突出。转化管理机构和人才队伍架起了基础研究成果与军事需求的桥梁，协调组织基础研究人才、工程技术人才、军事领域人才围绕转化需求共同开展工作，解决各种错综复杂的问题。当前，美国包括基础研究在内的科技成果转化数量和产生的军事经济效益非常明显，与美国专业化的技术转移机构和高水平的转化应用人才密不可分。例如，DARPA 中的转化人才一贯致力于获取、验证国防科技创新的"思想火花"，并确定这些思想在未来战场的可行性和潜在应用价值，创造新的军事能力，为基础研究向国防科技转化应用架起了桥梁。美国相关知名高校也建立了专职的科技成果转化推广办公室，推动了包括基础研究在内的创新资源向战斗力、生产力的转化，取得了良好的效益。

2.3　条件基础

基础研究成果转化涉及因素众多，是一项复杂的系统工程，需要经费、实验室、设备器材等物质条件作为保障，充足完备的条件基础是支持基础研究及其转化应用的重要因素。特别是第二次世界大战结束以后一直持续到今天，科技发展朝着大科学的方向迈进，国防科技创新和武器装备发展已经逐渐表现出耗资巨大的特点。

一方面，科学技术日趋复杂、研制费用日渐昂贵、设备仪器的支撑作为更为突出、人员队伍变得更加庞大、组织管理变得更加复杂。推动基础研究成果的转化应用需要大量的资金投入、仪器设备、办公设施、研究手段和信息资源等基础条件的支撑。

另一方面，除了直接进行基础研究需要大量经费，从理论上分析，国家或机构接受和应用别人（或别的机构、别的国家）的基础研究成果并进行转化需要的投入也是大量且多方面的。[①]将一个基础研究成果变成可供生产的技术或物品或思想必须进行一系列的投资。科学知识的利用和转化绝不是不花成本的，而且这种基础研究的耐用性，只有对它的维护进行大量投资后才能表现出来。例如，一个国家要想让牛顿第二定律 $F = ma$ 在那里发挥效用，那么它每年要出版和发行大量的教科书，要聘用大批的教师给学生传道授业解惑，要建立研究

① Callon. Is science a public good? [J]. Science, Technology And Human Values. 1994（19）：477-486.

机构，要培训研究人员。这是一笔巨大的开支。正如 1996 年经济合作与发展组织（OECD）的一份报告所说：知识和信息是充足的，但是利用知识和信息的能力是稀缺的。要获得和保持这种能力，是要付出高昂代价的。

2.4　转化机制

推动民口基础研究向国防领域的转化应用，涉及军、民两个体系，如何从管理体制和运行机制上进行探索实践，建立良性运行机制和系统的制度安排，实现军民双方的顺畅沟通和无缝衔接，确保民口基础研究成果能够有效进入军方视野，牵引、保障、激励军民双方相关机构、人员推动转化的主动性和积极性，是实现转化应用的重要前提，也是立足国情、军情推动民口基础研究成果向国防领域转化应用的关键环节。

影响民口基础研究向国防领域转化应用的机制因素主要包括军民双方的沟通交流、民口基础研究成果的挖掘评估、转化过程的支持和风险控制以及转化激励评价等方面。如发现和挖掘具有潜在军事应用前景的基础研究成果是转化应用的首要环节，其中军事需求是牵引转化的直接动力，人们常常根据已经存在的、紧迫的军事需求来加紧基础研究向武器装备的转化，转化是有目的性的，目标较为明确。例如晶体管技术的发展历程，反映出了军事需求对技术转化的巨大推动作用。虽然点触型晶体管这种晶体管的最初形态诞生于贝尔实验室，但其后来的发展动力主要来源于美国军方。正如约翰·奇曼所指出，"实用晶体管的早期发展主要由美国军方控制，军事需求不仅推动了晶体管发展的方向，而且也推动了生产技术和设备的发展，其中许多项目由美国陆军等直接提供资助。类似的是，超大规模集成电路、计算技术、计算机科学、人工智能、加密技术，甚至因特网和万维网的整个历程，都由国防高级研究计划局推动的，如果没有军事利益和慷慨资助的存在，这些技术肯定不会朝着现在的方向进化。"[①]

再如，军口与民口的沟通交流是推动转化的重要保障。美国等主要国家通过搭建基础研究交流信息平台、广泛征集建议、科学评估基础研究成果等方法，扩大基础研究成果向国防科技转化应用的机会。如美国国防情报局（DIA）与国防情报局通过举行"技术预警"会议，讨论未来全球化、商业化大势下防务技术发展的新特点，利用技术评估新方法对未来可能影响美国军事优势的信息技术、生物技术、微纳米技术发展进行评估，有力增强了军方对基础研究信息的掌控。美国国防部每月一次定期召开"关于新兴技术的国防科技研讨会"，以促进军方领导和科技工业界和学术界之间就有军事应用潜力技术的对话和交流。英国国防鉴定与研究总局每年举行一次"探索者情况通报会"，通报国防部

---

① 约翰·齐曼. 技术创新进化论[M]. 上海：上海科技教育出版社，2002：311-312.

对军事需求的看法，为科技界向英国国防部提出基础研究发展及转化应用的建议提供了正式途径。

2.5　文化环境

文化环境是指国家、军队从战略上、整体上规划、组织、指挥、协调、监督和控制基础研究向国防领域转化活动与过程的外部氛围，即通过战略创新、制度创新、组织创新、模式创新和方法手段创新，营造宽松的创新文化，优化配置创新资源，保证转化应用活动的顺利开展。文化环境以其科学管理、文化氛围、法律法规为保障，诱导并激活相关力量在转化活动中的工作主动性、积极性与工作热情，是实现研究成果、人才队伍、转化机制、条件基础等要素形成最有效的组合，确保转化发生和运转的重要支撑。

如保障转化的政策法律是文化环境的重要构成。美国等主要国家非常重视对基础研究成果的保护，为基础研究向国防科技转化应用提供了各种法律保障。美国已经基本建立起一整套完整的知识产权法律体系，包括《专利法》《版权法》《反不正当竞争法》等。为促进基础研究向国防领域转化应用，法国的《法国知识产权》规定国防部长有权以秘密方式向全国产权局了解申请本国专利、欧洲专利的有关情况；国防部有权在为国防目的复制第三方专利时，享受优惠待遇。

再如，成果转化评价与激励的缺失与不完善，直接导致基础研究与应用研究的科学家以及管理人员推进转化的积极性和主动性不强。高校老师作为基础研究创新的重要力量，由于受职称评定和考核影响，大多把主要精力投入到论文、著作等方面，而对成果应用转化不予考虑，更不要说关注向国防领域的转化。在我国的科技成果激励机制中，缺乏对基础成果价值的科学评价，基础研究人员的权益得不到合理的保障，应用科技获得奖励通常与为其提供支撑的基础研究成果无关，缺乏对基础研究成果贡献度的科学评价，挫伤了基础研究科学家推进转化应用的积极性，严重影响了转化工作的顺利开展。

需要说明的是，基础研究成果向国防领域的转化应用，是以人为主体、成果为目标的软硬件环境的综合体现。在基础研究的转化应用实践中，上述各影响因素不是孤立存在的，各种因素的综合集成是保证转化成效的重要条件，只有充分发挥各种要素的协同作用，使各项要素之间互相匹配，形成有机的互动发展的整体结构，才能推动、促进转化工作的有效开展。

2.6　转化应用流程

基础研究的转化应用，是基础研究成果在多个要素参与下，发挥各自功能和相互作用的一个有目标指向的运动过程。将整个过程进行简化，可以看成是在一定转化环境下，基础研究成果从成果拥有者转移到成果接受者的过程，其关系如图 2-1 所示。

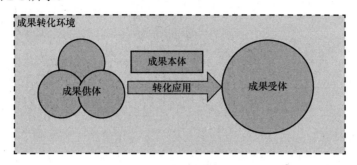

图 2-1　基础研究转化应用流程

1. 成果本体

基础研究成果本体是指通过基础研究获得的新规律、新原理、新理论、新方法等以学术论文、学术报告、定理公式等形式承载的成果，研究中发现的新材料、发明的用来拓宽视线范围或者提高测量精度的新仪器、新设备、新工具等成果，以及通过基础研究培养的掌握大量科学知识的人才等成果。成果本体是基础研究向国防领域转化应用的主要对象，在民口基础研究向国防领域转化应用过程中，成果本体通过其自身的情况特点影响着转化应用的进行。主要表现在两个方面：

一是成果本体的发育状态。不同的发育状态代表着不同的成熟程度。一般而言，基础研究成果本体的发育状态可划分为孕育期、发展期、成熟期和衰退期。处于孕育期和发展期的基础理论成果，其前瞻性、前沿性一般比较强，属于提出问题、分析问题、解决问题的阶段。但这种成果还没有定型或者完全解决，没有形成完整的理论观点或成熟的理论体系，仍然具有较大的不确定，如果贸然将其向装备建设领域转化应用，承担的风险比较大，可能会形成错误的技术路线，有可能影响装备建设的路径选择，迟滞装备发展的进程和性能。因此，处于孕育期和发展期的民口基础研究成果不宜直接作为向装备建设领域转移过程中的科技成果本体，只能提高技术认知力和理解力，持续加强跟踪分析，确保重大的、颠覆性的理论创新能够及时纳入军方视野。处于成熟期的理论成果，其理论体系一般比较成熟，针对特定的科学问题一般形成了较为明确的知识、方法和观点，其潜在的军事价值也比较容易确定，将其向装备建设领域转化应用，转移风险性比较小，成果的稳定性比较高。因此，向装备建设领域转化应用中的成果本体一般是此类型的理论成果。而处于衰退期的成果，一般都是因为出现了更为先进的成果，这种处于衰退期的成果不再具有前沿性、先进性和尖端性的特征，因此也就失去了转化应用的意义。①

① 杨立秋. 当代民用技术军事转移研究[D]. 长沙：国防科学技术大学，2005（4）.

二是成果本体与相关技术、基础条件的匹配状态。也即相关技术、基础条件等对成果本体转化应用的支撑程度。任何一项科技成果的应用都不是独立发生作用的，它还必须与其他外在技术、基础条件一起配合，相互支撑才能发挥应有的作用。如飞机发动机技术的发展需要飞机传动技术的配合、卫星平台技术的发展需要运载技术的配合等。科技成果本体同样如此，当某一民口基础研究成果被应用于军事领域时，它必然受到其他军事技术的影响。如果民口基础研究成果与相关军事技术匹配较好，民口基础研究成果向国防领域的转化应用就会相对容易，成功率较高。相反，如果民口基础研究成果与其他军事技术匹配不好，民口基础研究成果就会受到其他军事技术应用或者基础条件的制约而难以转化应用，成功率偏低。

2. 成果供体

基础研究成果供体指基础研究成果的拥有者和提供者。随着科学技术的不断发展，科学技术呈现出综合化、复杂化的特点，科学研究大多依靠团体力量合作完成。从我国民口基础研究开展的实际情况来看，新时期推动民口基础研究成果向国防领域转化应用中，基础研究的成果供体可以划分为以下三种类型。

独立研究机构。独立研究机构可以分为两类。一是非赢利性研究机构，这些研究机构的运转支出一般由国家或社会负担，研究成果也为国家或社会公众所有。基础理论研究不确定性大、风险程度高、研究周期长、直接经济效益不明显，具有比较明显的"公共产品"属性，属于经济学所讲的"市场失灵"领域，企业等市场力量难以承担通常也不愿承担，非赢利性的政府科研部门往往是开展研究的重要力量。二是盈利性研究机构，这些研究机构专门从事以赢利为目的的研究活动，它们根据市场需要，研发出相关技术后，将其科技成果作为商品在市场上出售，达到获利的目的。

高等院校。科学研究是高等院校的主要职能之一。高等院校特别是研究型大学具有人才密集、多学科汇聚等优势特点，历来是世界各国基础研究的核心力量。从我国近几年的国家科技奖励分布情况来看，高等院校在国家基础理论重大创新中始终占据较大份额，是我国基础研究和知识创造的骨干依托。特别是对于一些基础理论和基础技术的研究，由于投资大、风险高、不具有当前应用价值，企业一般不愿意承担，这些研究项目只能在高等院校或其他非盈利性研究组织里进行。以美国为例，高等院校是美军一支重要的科研力量，它与工业界、军队科研力量一起，构成了美国国防科研尤其是预先研究的三大支柱，在开展国防基础研究、推动美军国防高技术发展、保持美技术领先地位中发挥着不可替代的独特作用。

企业所属研究机构。这种研究机构归属于企业，其研究方向也主要是为企业的产品开发服务，因此专业性比较强。一般来说，企业规模越大，其所属的研究机构规模也越大，研究能力也越强。当代许多大型跨国集团都拥有自己庞大的研究机构，这些研究机构都具有非常强大的研究能力，是国家民用技术的主要研发者，也是基础研究成果的重要提供者。从美国等先进国家国防建设的历程来看，企业所属科研力量所拥有的科研能力和所取得的科研成果，有效地支撑了国防建设和军事能力的发展进步和转型升级，对保持美国强大的国防力量和在世界科技经济社会发展中的领袖地位发挥了关键作用。在此基础上，通过允许和推动国防领域相关技术向民用领域和市场的转移，带动了国家产业结构升级和经济社会的巨大进步，由此产生的规模经济效益又进一步确保了国防科技和武器装备建设的可持续发展。

成果供体对民口基础研究成果向国防建设领域转化应用的影响，主要表现在以下几个方面。

一是成果供体对军事需求信息的掌握程度。民口基础研究成果向国防领域的转化应用，其实质是成果供体和成果受体相互衔接、相互满足对方需求的一个过程。成果供体如果不了解相关军事需求，不清楚国防建设对基础研究的需求，就不能及时、主动地将自己的重大理论创新转移给成果受体，从而使整个转化应用活动处于一种被动状态，影响整个国家基础研究成果向国防领域转化应用的成效。相反，如果成果供体能够及时了解成果受体方的军事需求信息，一旦具有满足这种需求的理论创新成果，就会及时联系衔接成果受体，及时将科技成果转移出去，即使暂时没有类似成果，也会主动去开展理论创新，从而有效推动民口基础研究成果向国防领域的转化应用。

二是成果供体的转化应用能力。在实际成果转移过程中，许多科技成果供体既是民口科技成果来源的提供者，同时也是转化应用过程的实施者，其研究工作往往覆盖了基础研究、应用研究等装备发展多个环节，这种现象在我国国防科研实践中尤为普遍。特别是在当前民口基础研究成果向国防领域转化应用过程中，新理论新方法等"知识形态"科技成果占据着相当的比例。在"知识形态"科技成果转移过程中，科技成果供体必须把科学技术成果转化为有形的产品、部件或者系统，这是转移不可缺少的一个过程，这就要求科技成果供体需要具备这种转化能力。而且在转化的过程中，科技成果供体有时还需要综合其他科技成果对科技成果本体进行一定的改进，使其成为可以直接使用的军事装备。因此，科技成果供体的转化能力一定程度上也会影响民口基础研究成果向国防领域的转化应用。

三是成果供体的"资质"。科技成果供体的"资质"既指政策法律上的许可性，也指社会主体对其地位的认可。由于国防建设的特殊性，在许多国家，往往从政策法规上对从事国防建设、武器装备研制和军用产品生产的机构有严格的规定。因此，只有那些取得相关资质的民口科研实体才能将自己掌握的民口科技成果转化为国防应用，而其他机构即使掌握有适合军事技术开发的民口科技成果，也会因为受到政策法规的制约，而无法实现顺利转化。大型研究机构由于科研实力雄厚，各方面资源占有全面，往往能够容易获得国家和社会的认可，与国防和军队建设部门有相对比较广泛的接触，从而比较容易获取参与国防和军队建设的资质，有更多进入国防建设的机会。而对于一些中小型企业，即使在某些技术领域拥有一定程度的技术优势，即使取得了具有创新性的理论成果，往往因为缺少资质而失去向国防领域转化应用的机会。

3. 成果受体

成果受体指基础研究成果的吸收者和引进方。在民口基础研究成果向国防领域转化应用过程中，指的是从基础研究成果供体那里获得基础研究成果本体，并将成果本体应用于国防建设和军事领域来的主体，考虑基础研究成果在国防领域的可能应用方向，国防领域对民口基础研究成果的主要受体可包括以下四种类型。

军事技术研发组织。军事技术研发组织以军事技术开发和武器装备建设为主，其对民口基础研究的接收利用主要以科学原理和方法、具有科学素养的高素质人才为主。一方面，重大武器装备的建设发展存在诸多需要突破的基础理论问题，这些理论问题在民口可能已经得到突破和解决，可以为军事技术研究提供支撑。比如，海洋武器装备的研制，需要不断增强对海洋环境演变规律的认识，解决武器系统海洋环境效应理论和方法问题。另一方面，基础理论研究孕育着新概念武器装备发展的思想火花，军事技术研究的单位和组织也需要从民口基础研究的创新突破中寻找挖掘未来发展的动力。比如，脑科学与认知接口等领域的发展，孕育着未来智能化武器装备发展的重大机遇，可能在未来战争中发挥撼人心魄、不战而屈人之兵的作用，形成新的非对称优势。此外，民口基础研究中培养的具有综合解决问题能力和创新能力的优秀人才进入军事技术研发组织，也将大大提升军事技术研发组织的创新能力，带动高新技术武器装备的飞速发展。

军品采购部门。军品采购部门是指专门为军队采购装备、设备、工具、材料等的部门。军品采购部门一般与生产或拥有国防所需物资、材料、产品的组织、机构发生联系，在基础研究领域，军品采购部门可能主要针对民口基础研究产生的新材料、新仪器和新设备等成果进行采购或者利用。

军品生产企业。军品生产企业对民口基础研究成果的接收主要通过将基础研究成果应用于武器装备的研发与生产。军品生产企业充分吸收民口基础研究的理论创新成果，可以抓住科技革命带来的发展机遇，提高产品性能、生产新型产品，推动产业技术的升级改造，还可以更好地引进、吸收和消化发达国家的高新技术。发达国家的成功经验表明，在基础研究中培养的具有丰富科学知识、熟悉先进的科研手段的创新人才源源不断地进入国防、工业、企业等各行各业，也将大大提升了现代企业的创新能力。

军队作战、指挥、后勤等机构。基础研究的使命是探索自然界的规律、追求新的发现和发明、积累科学知识、创立新的学说，为认识世界、改造世界提供理论和方法。[①]基础研究的理论创新和知识发现，不仅将在国防科技发展、武器装备研制、军品采购与生产等方面发挥重要作用，也将在现代作战指挥、后勤保障等方面发挥重要作用。如第二次世界大战期间，盟军运输船队在大西洋上常常受到德国潜艇的袭击，科学家和盟军指挥人员利用军事运筹学理论分析后提出"一定数量的船编次越多与敌人相遇的概率就越大"，盟军据此将舰队通过危险海域的方式由分散多次通过改为集中一次通过，大大降低了被击沉的概率。军队作战、指挥、后勤等领域对基础研究成果的吸收利用主要以科学理论和方法等"知识形态"的成果为主。

成果受体对民口基础研究成果向国防领域转化应用的影响方式，可以分为主观影响和客观影响两类。主观影响方式主要是指由于科技成果受体自身的积极性对转移所造成的影响，客观影响方式则主要是指以下三个方面。

一是科技成果受体对民口科技成果资源信息的掌握程度。如上所述，民口基础研究成果向国防领域转化应用，其实质是成果供体和成果受体相互满足对方需求的一个过程。成果受体如果不能掌握现有民口科技成果等资源信息，就不可能引导民口基础研究成果向国防领域转化应用。如果成果受体能够及时的掌握现有民口基础研究成果等资源信息，积极挖掘、利用民口现有科技资源，就可以缩短装备研究周期、节约研究经费、避免重复投入，为国防建设和作战运用提供重要支撑。

二是成果受体对民口基础研究成果向国防领域转化应用重要性的认识程度。成果主体对民口基础研究成果向国防领域转化应用重要性的认识程度对整个基础研究成果转化应用同样重要。长期以来，虽然民口基础研究成果向国防领域转化应用的实践一直存在，但人们对其重要性的认识却还不够，较少主动研究和有组织地去促进转化应用。因此，民口基础研究成果向国防领域转化应用一直处于一种自发的转移状态。如果成果受体能够进一步提高对其重要性的认识，就会积极主动的去促进这种转化应用的实现。当今世界各国的民口基础研究成果向国防领域转化应用之所以越来越普遍，与世界各国对民口基础研究成果在国防领域的重要性的认识程度逐渐提升直接相关。

三是科技成果受体自身的消化能力。民口科技成果转移到成果受体时，不但要与成果受体已有的技术体系相匹配，而且成果受体本身还要能够顺利对其进行消化吸收。对利用民口基础研究成果开发军事技术的团队和单位，必须确实掌握成果本体的基本原理，这样才能真正为自己所掌握和应用，并能对其进行必要的进一步研发。[②]如果上述成果受体不能及时的消化吸收，就不能算是转化应用的真正完成，民口基础研究成果向国防领域的转化应用也就达不到原设目标。

① 韩宇. 基础研究与知识经济[J]. 自然辩证法研究, 1998（9）.
② 杨立秋. 当代民用技术军事转移研究[D]. 长沙：国防科学技术大学, 2005（4）.

4. 转化环境

外部环境就是民口基础研究成果在向国防建设领域转化应用的过程中，除了成果本体、成果供体和成果受体外的其他外在参与要素，主要有以下两种类型。

政策环境。政策环境主要指涉及国家有关民口基础研究成果向国防领域转化应用的法律、法规、政策等。民口基础研究成果能否顺利实现向国防领域的转化应用，政策环境起到非常重要的作用。这些政策可大致分为抑制性政策和激励性政策两类。抑制性政策是指那些阻碍民口基础研究成果向国防领域转化应用的政策。如对军品生产的资质政策，使得没有取得这种资质的民口研究单位，即使其研究成果具有很高的军事价值也不可能将它们转化为军事应用，必须通过其他途径才有可能实现，也无法参与军口基础研究任务的承担和研究工作。激励性政策是指政府制定的那些有利于民口基础研究成果向国防领域转化应用的政策。如两用技术开发的支持政策，许多国家为了获得向国防领域转化应用的民口基础研究成果资源，往往通过制定相应的法律和法规来鼓励民口基础研究成果主体对军民两用技术进行开发；一些国家还通过在军事产品采购中对民用产品采取倾斜政策等手段，使得民口基础研究成果有更多的机会向国防领域转化应用。

外部信息环境。信息环境是指民口基础研究成果向国防领域转化应用中，成果供体和成果受体自身获取信息的能力和所能依靠的外部条件。信息环境主要包括成果供体和成果受体之间交流信息的交流机制和交流平台的建设情况。信息交流机制指的是军民之间信息交流的制度、规定等，如军民之间经常安排的交流，在交流的过程中相互之间的透明度规定等。信息交流平台的建设水平则指的是提供军民之间交流的硬件设施水平和信息管理的手段等。良好的信息环境有利于科技成果供体和科技成果受体对相互信息的获取，[1]推动民口基础研究成果向国防领域的转化应用。

成果转化应用环境对民口基础研究成果向国防领域转化应用的影响方式，主要表现在以下几个方面。

一是法律、法规、体制、机制等政策环境的完善程度。如前所述，在民口基础研究成果向国防领域转化应用的过程中，政策环境起到非常重要的作用，这些政策既包括抑制性政策也包括激励性政策。如果减少抑制性政策并增加激励性政策，就会推动民口基础研究成果顺利实现向国防领域转化应用；如果抑制性政策主导作用增强，而激励性政策缺失，则会阻碍民口基础研究成果向国防领域的转化应用。

二是信息交流机制的完善程度。信息交流环境主要包括科技成果供体和科技成果受体之间交流信息的交流体制和交流平台的建设情况。当前，受军品研

---

① 杨立秋. 当代民用技术军事转移研究[D]. 长沙：国防科学技术大学，2005（4）.

制的定密、保密、解密等制度的束缚，民口科技单位很难了解武器装备的军事需求，虽然在军品研制项目中的招标投标机制已经被采纳并实际应用，但是由于受各种因素的制约，民口科技单位常常被排除在招标投标范围之外。因此，完善合理的信息交流环境，将会搭建起军军事需求和民用资源之间的桥梁，推动民口基础研究成果向国防领域的转化应用。

第3章　基础研究向国防领域转化应用的历史演变

基础研究是以认识自然现象、解释自然规律为目的的研究活动，其基本使命是追求新发现、探索新规律、阐明新原理、积累新知识，为人类认识世界、改造世界提供新的理论和方法。从这一角度来看，古代的科学知识与技术原理、近现代的科学与技术理论都可谓基础研究。

纵观古今，基础研究向国防领域转化应用的状况经历了一段由弱至强、先慢后快的历史发展过程，呈现出一幅从偶然发生到积极进行的嬗变图景。根据近现代科学、技术理论与国防建设之间作用关系的演化特点，将基础研究向国防领域转化应用的历史划分为四个阶段，即16世纪前基础研究转化应用的自然经验阶段、16世纪至19世纪中期基础研究成果转化的个体自觉阶段、19世纪中期至第二次世界大战国家参与基础研究成果转化阶段，以及第二次世界大战以后国家主导基础研究成果转化阶段，如表3-1所列。

表3-1　基础研究转化应用的发展历程

时间 事件	16世纪以前	16世纪至19世纪中期	19世纪中期至第二次世界大战	第二次世界大战以后
基础研究情况	发展缓慢	呈增长之势	蓬勃发展，突破性成果剧增	数量激增，突破性成果减少
转化情况	转化领域窄	科学理论与技术实践关联有限，转化亦受很大限制	科学理论指引技术实践，转化效果显著	转化速度进一步加快
转化主体	工匠	有科学素养的工匠与科学家、发明家个人	个人、大学和公司为主，国家参与	国家主导
转化特点	无意识	有意识	需求牵引转化	需求与科技发展相互作用推动转化

3.1　16世纪以前：基础研究转化应用的自然经验阶段

16世纪以前，科学尚未形成独立系统，实际上长期依附于技术和神话。宗教产生后，又成为宗教的奴婢。科学的一个形象是体系化的技术；其另一个形象则是合理化了的神话。正如贝尔纳所言："科学初期本是同手艺工人的秘术和祭司的学问几乎辨别不出的一个形象，而手艺工人的秘术和祭司的学问则在大部分的有记录的历史中一直是互相分开的东西，故而经过了许久科学才在社会里建树了独立的存在。"同时，技术发明十分简单，武器装备也十分简陋，在战争中的作用没有明显表现出来，故没有受到特别的重视。总体上基础研究十分薄弱且发展缓慢，从基础研究向武器装备的转化，也是依靠不经意的发现和长期积累的经验。

1. 技术先行于科学，早期基础研究来源于经验的积累

早期的基础研究发展十分缓慢。在近代科学尚未诞生之前，技术已经先行发展了。在延续几个世纪以后，技术水平依旧低下，没有实质性突破。当时即便有革新技术的想法，在社会生产力十分落后的前提下，也几乎不可能付诸实践。人们更多地关注眼前的生产实践，技术上的变革与突破具有偶然性。

当时的技术成就主要体现在以下几个方面：在农业上主要使用畜耕和从事修堤筑坝等水利事业；在冶金上主要从冶炼铜到冶炼青铜和铁；在手工技术上，主要有制陶、制玻璃技术和木材、皮革、纸草等加工业；纺织技术比较发达，中国的丝绸、巴比伦的纺织品都曾远销国外；在建筑方面，古代的万里长城、金字塔、神庙、石窟以及道路建筑等，以其巍峨雄伟和做工精致而流芳百世。各文明古国的能工巧匠在前封建时代也创造了许多优秀工程技术成果，有的至今仍存在着，见证着世界文明的编年史。与上述令人惊叹的工程技术成果相比，科学的发展似乎还是稍逊一筹。从知识经济技术、材料技术、能源技术、通信技术、核心技术与主导产业来分，16世纪以前的主导技术如表3-2所列。

表3-2 16世纪以前的主导技术[①]

领域	自战争起
知识经济技术	从结绳到印刷、出版
材料技术	天然和陶瓷材料、金属材料
能源技术	从取火（热能）到生物能、机械能
通信技术	号角、人工传递、邮递
核心技术	从食物采集技术到农业生产技术
主导产业	从自然食物获取到农牧业

早期基础研究包含了古代的实用科学。这种科学是人们从日常生活和物质生产需要中对自然界作出的反映，是人们从实践中积累丰富的经验、获得知识的一种形态。例如，放牧与农业需要人们对季节有所认识，从气候变化到发现天象变化都需要此类科学。恩格斯曾说"首先是天文学——游牧民族和农业民族为了定季节，就已经绝对需要它"。科学的主体工作依然集中在描述现象、总

---

① 杨水旸. 简明科学技术史[M]. 北京：国防工业出版社，2008.

结经验和提出猜测性思想等方面，形式上是直觉的、零散的，实际上并没有形成独立的体系和地位。

古代科学研究主要是由一些学者自发进行的。其中，亚里士多德是古希腊知识的集大成者。他的著作涉及物理学、天文学、数学、生物学、生理学、逻辑学，堪称古代学术的百科全书。历史上把公元476年西罗马帝国灭亡之后长达1000多年的欧洲历史称为欧洲中世纪。中世纪的科学"是人类由希腊思想和罗马统治的高峰降落下来，再沿着现代知识的斜坡挣扎上去所经过的一个阴谷。"然而，中世纪盛行的经院哲学在歪曲利用亚里士多德学说的同时，却也使其中的科学思想方法和知识得以传播，激发了人们研究自然的兴趣。在同经院哲学的斗争中，罗吉尔·培根被称为近代自然科学的先驱。罗吉尔·培根对科学的重大贡献，并不在于有什么发明创造，而是在神学的一统天下，敢于反对盲目崇拜无知信仰，提出了"实验是科学之王"的科学思想，为近代自然科学的诞生作了思想上的准备。[①]

总之，早期基础研究虽然取得了一些重要成果，但本身没有形成理论体系，没有完全脱离经验的束缚，发展较为缓慢。这一时期的种种发现都带有相当大的偶然性成分，表现出明显的经验性和实用性的特点，没有把具体的问题抽象成一般性的普遍问题，后续也难以进行持续性的探索和研究。例如关于自然界万物的本质问题解释——元素论；关于物质结构问题解释——原子论；关于天体系统的模型问题解释——宇宙论等。而古代技术发展多集中在手工操作，缺少对规律性知识的了解和掌握。这一阶段的技术成果缺乏持续化、系统化的研究体系，人们往往从制造工具的特殊需要出发来解决具体问题，而不是按照科学原理和科学规律，技术的发展不以科学为依托。

2. 基础研究向武器装备转化的领域较窄

这一时期，由于生产力低下、社会科技水平不高，极少出现技术原理上的突破以及基础研究向国防领域的转化。武器装备的发展速度相当缓慢，甚至在几代人的时间里，都没有明显改变和革新。武器装备发展的形式也非常简单，以致于只有较少门类的科学技术向其转化，转化的领域很窄。如金属加工这个人类最早期的技术之一，它不仅可以用于制作工具，还可用于制造武器，金属加工很快便演化成了一个大型产业。然而，发现某种新的金属材料的冶炼方法，动辄耗费数百年时间，难度之大令人望而生畏。

武器装备在很长一段时间内并未与民用技术完全分离。"在原始公社制度时代，存在着居民自发的武装组织，当发生武装冲突时，全体成年人都是军人，而武器就利用平常的劳动工具。在这样的条件下还谈不上对武器装备的专门研究。当战争和为战争服务的组织已成为永久性的社会职能，并建立起脱离劳动

---

① 丹皮尔. 科学史[M]. 北京：商务印书馆，1975：165-166.

阶层的独立武装部队专门执行这一职能时，才产生了武器装备的研究与生产，并开始走上专业化过程。在奴隶劳动基础上的武器制造作坊建立起来。……"①之后，武器装备迈上了专业研究的道路，但直到16世纪，武器装备仍与民用技术有着深刻而广泛的交集。

正是由于科技发展十分缓慢，且向武器装备的转化程度较低，以至于武器装备在战争中没有发挥出突出的作用。这是中国产生严重的"重道轻器"现象的原因之一。例如，在《孙子兵法》这部蜚声中外的兵学圣典中就包含了这一思想。孙子认为，要取得战争的胜利，必须具备道、天、地、将、法这五个重要的要素。他将其称为"五事"，"道，指治国之道，包括国家的政治、君王的威望和民心的相悖等内容；天，指时间和气候方面的各种因素和条件；地，指地理上各种因素和条件；将，指将领及其所备的各种素质；法，指军队的编制、法规、制度等。"②孙子认为，"凡此五者，将莫不闻，知之者胜，不知者不胜。"很显然，孙子在"五事"中，并未提到武器装备。这种思想体现在中国许多兵书和文学作品中。即便提到军事技术，次数也屈指可数。当时水平低下的武器装备只能作为一种辅助手段，仅仅实现出其不意的效果而已。

3. 无技术创新意识，转化方面的进展仅限于工匠的偶然发现

那时期，跟武器装备打交道最多的是作坊里的军事工匠。他们在经验性的简单重复操作中发现了某些重要诀窍，经过长期的体验和总结，将这些诀窍固化为个体性的、小范围内的技术形态。这种军事领域的进步是在被动、无意识和偶然的状态下进行的，是一点一滴积累起来的。能够有意识地、主动探索与武器装备有关的科技问题的人并不多。

可以说，石器、青铜、铁器和钢铁等材料及其加工技术的重要技术飞跃，都是在这种经验性的熟能生巧的基础上，偶然间获得的。特别是对人类文明产生重要影响的青铜，它们具备的坚固、柔韧和耐磨等特性，使其一开始便用来制造尖锐及锋利的武器，而其发现却是非常偶然的。由于矿石知识的贫乏，采集的矿石虽含多种成份却不清楚，在炼铜过程中就炼出了青铜。后来，逐渐炼出纯铜、纯锡、纯铝以及性能稳定的青铜。

先进材料量少而价贵，故其发现与认识是一件漫长和极其被动的事情。西方考古表明，公元前1500年铁质材料出现后的一个世纪，居住在亚美尼亚山区的人们偶然得到了最初的钢质材料。经过时间的打磨，他们知道将熟铁放入炭火中加热，经过淬火，再加热捶打，周而复始便可使材料变得坚硬无比。杜普伊曾提到这个过程："在进行上述加工处理的过程中，由于偶然在铁的表面溶进了碳微粒，因而制成了最初的钢。"③可见，这些技术上的零散的收获是可遇而

---

① 刘戟锋. 哲人与将军——恩格斯军事技术思想研究[M]. 长沙：湖南教育出版社，1997：94.
② 中国孙子兵法研究会. 孙子兵法读本[M]. 桂林：广西师范大学出版社，2007：10.
③ T·N·杜普伊. 武器和战争的演变[M]. 北京：军事科学出版社，1985：5.

不可求的，在这个过程中，人的主观因素和能动作用发挥得相当有限。

3.2　16世纪至19世纪中期：基础研究转化应用的个体自觉阶段

到了16世纪，真正有系统的科学实验诞生了。[①]科学自此才成了一种凭它自己的正当理由而建立起来的传统职业，拥有它的专门教育、文献和团体。从这个时候一直持续到19世纪中期，基础研究也迎来新的发展时期，武器装备创新活动渐渐开始，其中由基础研究转化而来的创新陆续出现。

1. 近代科学萌生，基础研究发展呈增长之势

经过中世纪的黑夜和文艺复兴的洗礼之后，科学以意想不到的力量一下子开始兴起，并且以神奇的速度迅速发展起来，宗教与科学终于分离，成就了近代科学。首先，经典力学方面得到较完善的发展。17世纪，牛顿在总结前人特别是伽利略和开普勒等人研究成果的基础上，经过长期深入研究而创立了经典力学体系。同时，其他学科也有了初步的研究或较大的发展。

16世纪—17世纪，温标和温度计的发明及改进为测量温度的变化提供了便利手段，这是科学走向定量科学的第一步。18世纪对电和磁的实验研究也取得了进展。1785年法国物理学家库仑（1736—1806年）用他制作的一种扭秤直接测定了电荷之间的作用力，提出了著名的库仑定律。除此之外，他还引入了电量的概念。这一时期对静电学研究作出重大贡献的是英国的富兰克林（1706—1790年）。18世纪40年代，他率先探讨电的本质。总之，这一时期各种科学技术日新月异，基础研究异彩纷呈。

2. 科学理论与技术实践关联增多，转化活动有限

16世纪以后，科学理论与技术实践更多地发生了联系，该联系是松散而有限的。也就是说，从理论发展应用到武器装备，其规律开始被很好的探知，转化也因此增多，有不少科学家和具备科学素养的工匠在进行这样的研究。

典型的例子就是作为文艺复兴时期的天才科学家伽利略。伽利略在一位军人学生的影响下，开始关注武器装备。该学生比较熟悉军事需求，伽利略就是在他的建议下撰写了一篇阐述三角测量与战场观测的论文。之后，伽利略又开始关注与火炮相关的技术问题，凭借自己扎实的科学基础，在1597年发明一种"军用测位罗盘"的仪器。这实际上是机械计算器的雏形，该测位装置几乎能快速解决任何情况下的应用数学问题。[②]他之所以能够把自己发明的望远镜卖给威尼斯元老院，完全是由于它在海战中有用处。

---

① 刘大椿. 科学活动论[M]. 北京：人民出版社，1985：36.
② 德雷克. 伽利略[M]. 北京：中国社会科学出版社，1987：58.

近代科学家中参与军事活动的远远不止伽利略和哈雷。举凡牛顿、拉瓦锡、勒让德尔、马赫等一系列科学泰斗，他们关于炮弹飞行、空气阻力和偏差原因的研究，对炮兵革命、射击学的发展都作出过重大贡献。[①]这些科学家和工匠，在瞄准和解决国防领域的前沿问题时，不但能满足科学真理上的追求，同时还能为科学理论的应用做出贡献。正如贝尔纳所说："科学家既能从武器装备创新中获得科学上的满足，还能从科学理论中创造应用价值。"科学社会学的创始人默顿曾说："与外部弹道学中的研究相联系，有许多为当时科学家深感兴趣的派生的科学问题。可以看出，研究者们自己已明确地看到了这种科学研究的纯理论方面和应用方面的联系，他们的兴趣之所以集中在这些课题上至少在某种程度上是由于从这些课题可以导出某些实际有用的东西。"[②]此时的科学家找到了基础研究与武器装备之间发生联系的规律。转化不再是依靠运气和经验的劳动，而是运用科学知识、实验和推导的科学活动。

由于理论对应用的引导作用受限，基础研究向军事领域转化的能力也受到限制，仅有散兵游勇似的科学家在个别领域偶尔探索式地研究武器装备转化问题，与古代相比，研究该问题的科学家数量虽有增多，但尚未形成一定规模。所以无论在客观上还是主观条件上都导致了武器装备发展缓慢。

美国著名战略学家巴瑞·布赞指出：在古代的战争史中，技术变革非常慢，武器系统的发展更多表现为一种连续性而非变革性。在《从十字弓到氢弹》中，伯纳德·布罗迪叙述了火枪、火炮的发展历程："早期的原始火药武器发展缓慢，从火门到火绳，到转轮点火机，再到燧石发火装置、雷管的转变花了几个世纪。炮筒的设计从 15 世纪晚期最初的铸铜管到 19 世纪中期没有发生明显的变化"[③]。肯奈尔也指出：19 世纪中期以前的 200 年是一个技术停滞的时代，"最好是将武器发展的过程描述成一种间断的、围绕着基本技术的重大变革的过程。而通常情况下武器的发展是稳定的，由武器对称的逻辑实现这一平衡。1648—1850 年就是这样的一个时代：两个世纪中欧洲文明并未发展出更为致命的武器"[④]。

3. 科学家成为基础研究转化应用的主体

基础研究成果的转化在这一时期开始有所增加，绝大多数是以科学家或工匠等个体形式进行的。这一阶段的科学研究带有浓厚"贵族的玩意"的色彩，知识贵族利用系统的学术知识和工具进行研究获得新知识和新发现。这些人往往是贵族出身，有钱有闲。或者获得贵族的支持，可以相对专职地进行科学研究。科研往往是从主体自身的兴趣出发，是贵族和少数人的游戏。

---

① 刘戟锋. 军事技术论[M]. 北京：解放军出版社，2014：78.
② 罗伯特·L·奥康奈尔. 兵器史——由兵器科技促成的西方历史[M]. 海口：海南出版社，2009：244.
③ Brodie B F M. From Crossbow to H - Bomb[M] .Indiana University Press ,1973 :42 – 43.
④ O'Connell R L. Of Arms and Men : A History of War ,Weapons and Aggression[M]. New York: Oxford University Press , 1989 :148.

在这一时期，以科学来推动武器装备创新的最重要群体恐怕要数皇家学会了。科学社会学奠基人默顿曾选取英国皇家学会四年研究的问题作为样本，进行统计分析，发现属于他们研究的纯科学问题只占 41.3%，与火器发展直接相关的问题占了 10.8%，海上运输技术（全部可算军事技术）、采矿技术（冶金中的某些问题属于军事技术）分别占了 16% 和 20.6%。[①]可见，军事问题的研究不占少数。很显然，他们已经看到了，在专注于科学研究的同时必须注重发挥基础研究的应用价值。

在英国皇家学会中地位仅次于牛顿的第二号人物哈雷，对武器装备问题也十分关注，他的突出贡献是，运用自己的基础研究知识大大降低了火药成本，解决了成本过高的问题。他还系统地提出了"火药经济学"的相关问题，并指出这些问题的解决与发射大炮的科学法则密切相关："炮弹与炮膛相吻合，这对炮术有巨大影响，通过注意这一点，可以节省比发射我们的大炮弹所需的更多的火药。"[②]可见，个人科学家和发明家在对金钱和财富的追求下显得异常活跃，独自承担创新和转化的风险，涌现出了一些杰出的武器装备发明家。

值得注意的是，个人科学家和发明家能获得成功十分不易，往往伴随着艰辛。失败的一个原因就是个人发明家不了解军事需求，没有国家支持的研究，很难准确把握和满足军方的实际需求。因为失败率很高，真正坚持下来并取得成功的只占很小比例。例如，美国独立战争时期，布什内尔研制了一种名为"海龟号"的潜艇，由于性能上存在严重缺陷，在首次实战检验中就被击毁、沉没海底。战争结束后，他请求美国政府对他的发明给予相应的赔偿，结果遭到了拒绝。直到 1784 年，布什内尔的创新事迹才得到了华盛顿的承认。[③]

3.3 19 世纪中期至第二次世界大战：国家参与基础研究成果转化阶段

从 19 世纪中叶到第二次世界大战结束，可谓基础研究向国防领域转化应用的突显期。这一时期基础研究进入了飞速发展的时代。从 19 世纪末、特别是普法战争之后和帝国主义竞争开展以后，科学对战争的作用开始变得越来越重要，国家和军队逐渐认识到基础研究在军队建设中的重要作用，并在战争的催化下开始从被动变为主动地推动基础研究向国防领域的转化。

"直到经历过上次大战以后，人们才充分认识到这对战争来说意味着什么。在这以前，虽然有个别目光远大的科学家明白自己的工作正为人类带来怎样的前景，不过大多数人却认为，科学已经使战争变得如此恐怖，再也没有哪个国

① R·K·默顿. 17 世纪英国的科学、技术与社会[M]. 成都：四川人民出版社，1986：312.
② 罗伯特·L·奥康奈尔. 兵器史——由兵器科技促成的西方历史[M]. 海口：海南出版社，2009：246-247.
③ 威廉·韦尔. 你不可不知道的 50 种改变战争的武器[M]. 北京：中国旅游出版社，2007：145.

家想从事战争了，并以此自慰。"①从上一个时期仅仅提供资金，到提出需求、制定计划、组织管理为一身，国家正越来越多地介入基础研究创新活动，但转化主体仍是个人、大学和企业研究室等机构。国家对基础研究向武器装备的转化认识和研究还处于成长阶段，明确的转化概念和机制尚未提出。

1. 基础研究蓬勃发展，突破性成果剧增

始于 18 世纪 60 年代的第一次工业技术革命，到 19 世纪中期已经取得了巨大的成就，马克思在 1848 年指出："资产阶级在它不到一百年的阶级统治中所创造的生产力，比过去一切世代创造的全部生产力还要多，还要大。"②而这些成就仅仅是第一次工业技术革命的成果。19 世纪下半叶的第二次工业技术革命高潮孕育了被称为第三次工业技术革命的种子。通常认为，煤炭、纺织机械和蒸汽机是第一次工业技术革命的标志，钢、铁路、轮船及有线通信代表着第二次工业技术革命，而石油液体燃烧、电能、金属非金属合成材料、内燃机，以及以汽车为标志的公路运输则代表了第三次工业技术革命。③这几次工业技术革命虽然在内容上各有侧重，但却在 19 世纪这段时间相互叠加。从蒸汽机的广泛应用，到基础能源及金属材料生产方面突飞猛进，铁路等新的交通手段和运输网得到大发展，汽船、机械动力船等海洋运输方式呈现出日新月异的发展，人类通信史上首次把电作为信号载体发明了有线电报电缆等都是这一阶段产生的成果。

19 世纪中期至 20 世纪中期也是科学发展史上的一个重要转折时期，以上部分技术体现了这一时期科学理论造成的影响。由于 19 世纪末物理学实验所获得的 X 射线、放射性和电子等一系列新发现，猛烈地冲击着物理学的经典理论和传统观念。以太漂移实验动摇了经典力学的绝对时空观，黑体辐射实验冲击着能量是连续的旧观点，X 射线、放射性和电子的发现使形而上学的原子论观念面临着破产。这场经典物理学的危机表明，物理学正在酝酿着一次伟大的变革，出现了相对论和量子力学这两大现代物理学的基础理论。人类的认识由此从低速宏观领域进入到高速微观领域，把物理学从经典物理学阶段推进到现代物理学阶段，开辟了 20 世纪科学发展的新纪元，而这些都是基础研究上的突破性成果。

基础研究的突破对国家来说意义重大。在英国第一次工业革命的影响下，美国、法国、德国先后走上了工业化道路。作为一个后起帝国主义国家，德国高度重视基础研究，优秀科学人才辈出，使德国的科学研究水平在 20 世纪初已居世界领先地位，在 20 世纪二三十年代，德国获得各项诺贝尔奖金的人数为 16 人，而英国为 14 人，美国为 12 人。④同时，德国还最先发明了内燃机、柴

① J·D·贝尔纳. 科学的社会功能[M]. 北京：商务印书馆，1982：250.
② 马克思恩格斯选集（第 1 卷）[M]. 北京：人民出版社，277：1995.
③ 钱亦石. 产业革命讲话[M]. 三联出版社，1950：9-11.
④ 冯昭奎. 战后科技革命及其对国际安全的影响[J]. 国际安全研究 2015(7).

油机、汽车发电机、电动机等，致使德国军事技术和军工产业实现了"跃进式的发展"。如 1906 年德国研制出以柴油机为动力的 U 型潜艇，在第二次世界大战中肆无忌惮地"猎杀"了盟军的舰船，仅在 1942 年 11 月就击沉了盟军 118 艘舰船，给盟军造成了难以承受的损失。[①]

在军事方面，这样的例子不胜枚举。实际上，从 19 世纪 50 年代以后西方军事技术与武器装备的发展呈现出狂飙猛进的态势：火枪、火炮的不断改进，以及铁路、电报在军事中的应用，都引起了战场上的革命性变化。短期内涌现出很多重要的武器装备创新成果。尽管 19 世纪中叶以后，东方的军事技术与武器装备发展也被卷入世界的潮流，但这并非东方社会内部力量自发演绎的结果，而是肇始于东西方军事力量的碰撞。并且虽经触发，东方武器装备的发展大多并未形成类似于西方的那种系统性。

2. 科学理论走在技术实践前面，转化应用效果突显

到了 19 世纪，理论走在实践前面成为时代特征。在人文与社会科学方面的标志是，马克思主义理论的诞生引领了俄国十月革命的爆发；在自然科学方面的标志是，麦克斯韦方程对电磁波的预言成为无线通信的理论基础。也就是说，随着科学理论的长足进展，科学与技术才逐步融合，并出现了"以科学为基础的技术"。而在 19 世纪中叶以前，科学和技术大多数时是两个相互独立的要素，技术甚至先于科学获得发展。正所谓"19 世纪，美国佬的机械才能，在很大程度上建立在欧洲科学的基础之上，这些才能极大地促进了技艺的发展"[②]。

科学理论超前于技术和生产，并引起技术和生产的革命，意味着基础研究成为了武器装备长远建设的科学技术源泉和直接动力，是军事科技发展的先导。此时的武器装备创新，已远远不是几个技术专家所能胜任的事情，其中很多关键技术需要科学家的参与，只有揭示出其背后的科学原理，才可以从实践机理的层面进行攻关。

这一时期基础研究对武器装备的影响意义深远，它们迅速运用于国防领域，发挥出明显的效益。例如，丙酮是制造高爆炸药的一种重要原料，所以如何改进丙酮的生产工艺和方法，就属于国防领域所要研究和解决的问题。但是很显然，纯粹的军事技术专家对这个问题似乎心有余而力不足，必须求助于从事理论研究的化学家。从丙酮的化学结构和反应原理上寻找突破口，才能解决大规模生产丙酮的难题。英国前首相丘吉尔为解决这个问题，亲自找到著名的化学家魏茨曼，并向其求助。"丘吉尔问：'我们需要 3 万吨的丙酮，你能完成吗？'魏茨曼被吓住了，差点转身就走。等他稍作镇定，回答道：'迄今为止，我能成功地通过发酵过程一次生产几百立方厘米的丙酮。我在实验室做我的工作。我不是一个技术人员，我只是一个研究型化学家。但是，如果我能以某种

---

① 冯昭奎. 战后科技革命及其对国家安全的影响[J]. 国际安全研究, 2015（7）.
② Bush V. Science: The Endless Frontier[M]. Washington: The National Science Foundation, 1990: 19.

方式生产一吨丙酮，我就会有能力按你选择的任何因数成倍增长。'"①可见，如果找到了最核心的科技规律，即合成"一吨丙酮"的方法，那么再大规模的生产问题也都会迎刃而解，因为它已不是技术科学领域的问题，而是纯粹工程上的问题了。但是找到最核心的科技规律，必须依靠科学家的努力。②

再如，19世纪，化学工业的蓬勃兴起，使火药的性能发生了重大改观，迎来了一个高爆炸药的时代。1834年，德国化学家爱米希尔里希（E.E.Mitscherlich，1794—1863年）用苯和硝酸作用，得到硝基苯。1842年，俄国化学家齐宁发现，当硝基苯的醇溶液用硫化氢还原时，可得到苯胺。这一系列发现和发明为有机合成工业、从而为高爆炸药的人工合成准备了重要条件。

1875年，诺贝尔发现硝化甘油和火棉混合后，可以生成一种比较稳定，但又具有强大爆炸力的胶状物，这就是炸胶。它含有92％的硝化甘油和8％的火棉，是最强烈的炸药之一，常常用于爆破岩石。炸胶发明后，诺贝尔继续研制用于枪炮的无烟火药。用黑火药装填的炮弹在发射时往往烟云滚滚，既容易暴露己方炮兵阵地，又妨碍观察目标。每发炮弹射出去后，得等烟云散尽再发射第二发，这就大大地影响了火炮的发射速度。1887年，诺贝尔将10％的硝化甘油代替樟脑，改进配方，制成了颗粒状的无烟火药。这种燃烧快而又无残渣的火药，奠定了现代军事化学工业的基础。

化学家们以从煤焦油中提取出来的芳香族化合物为原料，还合成了苦味酸和TNT等强力炸药。TNT的化学结构是三硝基甲苯。1880年，德国化学家赫普（E.Heep，1851—1917年）用硝酸和浓硫酸的混合酸处理甲苯，经过三步合成制得。TNT于1891年开始作为炸药使用，由于它可以承受炮弹从炮膛中发射出来时产生的震动，只是在有引爆剂的作用下才爆炸，因而很快成为填充炮弹或炸弹的最重要的炸药，并一直沿用至今。

应该指出，高爆炸药在19世纪的发展，固然是军事工业和采掘工业需要推动的结果，然而如果没有18世纪的化学革命提供理论基础的话，高爆炸药也将是无源之水，无本之木。高爆炸药一经发明，便在第一次世界大战中得到广泛使用，它在战争破坏方面的巨大威力使其占据武器的垄断地位。正如基尔·A·利伯曾指出的，在19世纪后期和20世纪早期，冶金学、化学、物理学和大规模生产系统的重大进步应用于战争的科学中，导致了小型武器和火炮破坏性力量的指数增长，引起了火器革命③。

高爆炸药的这种垄断地位，直到第二次世界大战末，才陨落在巨大的蘑菇云之中④。的确，在第二次世界大战期间基础研究转化对武器装备的影响最重

① 罗兹. 原子弹秘史——历史上最致命武器的孕育（下）[M]. 上海：上海科技教育出版社，2008：101.
② 李建明. 军事技术创新风险论（D）. 长沙：国防科学技术大学，2011（9）.
③ Liber K A. War and the Engineers: The Primacy of Politics over Technology[M]. Cornell University Press, 2005: 79.
④ 刘立. 基础研究政策的理论与实践[M]. 北京：清华大学出版社，2007：64-72.

要的事例莫过于原子弹的研制与实战使用。无论是 1905 年爱因斯坦提出著名的质能关系公式，还是 1938 年德国化学家（哈恩和斯特拉斯曼）发现了裂变现象，都奠定了核武器的理论基础。1945 年 7 月 16 日，美国新墨西哥州沙漠上升起的蘑菇云宣布人类进入了核武器时代，核武器、导弹和军用卫星的出现进一步压缩了战场空间，并使太空成为新的军事竞争领域。而它们都是从基础研究转化而来的应用。

除此之外，美国在太平洋战争爆发后迅速崛起的武器性能优势，都是以其全面的科技优势作后盾的。美国在战争爆发后，将强大的科技实力和民生工业转化为军火工业的巨大产能，美国建造或改装航空母舰 150 艘，大部分投入太平洋战场，导致日本海军 300 多艘大型军舰以及日本的商船油船有 90% 被美国海军击沉，日本本土几乎被彻底地切断了外援。[①]

在第二次世界大战期间，尽管交战国都投入了大量人力物力财力去发展和制造克敌制胜的武器，形成了极其激烈的开发新武器的技术竞争。然而，开发新武器装备的竞争，需要以雄厚的科学"力量"、强大的基础研究"力量"、全面的工业"力量"的支撑，因此德、意、日等法西斯国家在军事上的失败，既是在人类道义上的失败，也是在国力比较与基础科技竞争中的失败。可见，科学理论为军事技术应用和发展指明了道路。

3. 个人、公司和大学成果转化积极性高，国家以参与为主

这一时期，在公司、大学的科学家和个人发明家的引导下，国家开始以购买专利和提供资金的方式参与基础研究向国防领域的转化工作。这在两次世界大战中表现得尤为明显。从第一次世界大战时坦克研制这项集体攻关开始，到第二次世界大战临近时，美国成功研制出原子弹，并用于实战都是国家主导的研制。尽管如此，国家所承担的转化是短暂的，是在战争情况下发生的。相比而言，绝大部分的武器装备创新仍然由民间科技专家与大学、企业实验室等研究机构承担的。

首先，购买专利对国家和军队来说无疑是获取新装备的一种最稳妥、最简捷的方式。因为通过这种方式，既可获得创新成果，增强军队战斗实力，又可避免承担创新过程中的风险，只要等到个人发明家将成熟的技术呈送上来，根据自身的需要和该技术的效能，决定是否购买该项技术专利即可。对个人发明家而言，国家和军队购买发明专利要付给他们一笔可观的费用，这是他们积极推进创新的强大动力。正如军事历史学家杜普伊所说："当时通常的情况是个人发明家将他的新发明卖给政府部门，而政府部门主动要求发明家研制新的和具有更大杀伤力的兵器倒是鲜见的事情。"[②]

---

① 冯昭奎. 战后科技革命及其对国家安全的影响[J]. 国际安全研究，2015（2）.
② T·N·杜普伊. 武器和战争的演变[M]. 北京：军事科学出版社，1985：365.

例如，美国发明家富尔顿于1807年发明了世界上第一艘蒸汽动力的汽船，不久，便有人向英国海军建议，在军舰上安装蒸汽动力装置，可以大幅提高战舰的机动性。但是，蒸汽战舰面临着许多重大的技术难题，其中之一便是，两侧巨大桨轮易受敌人攻击。当时的英国海军在军事技术上还很保守，不愿投入力量去探寻解决技术难题的办法，"海军人员有天然的保守思想，英国'公开声称看不出此项新技术的价值'。"①结果，这一技术难题被一位发明家成功解决，他就是瑞士的工程师爱立信。他发明的螺旋桨，解决了桨轮问题。爱立信把这项技术卖给了美国海军，从中获得了丰厚的利润，而美国利用该技术，成功解决了蒸汽战舰的技术瓶颈，在1842年建造了世界上第一艘螺旋桨蒸汽船——普林斯顿号。②

其次，提供资助是国家和军队参与转化的方式。即政府没有直接提出武器装备的需求指标和设计方案，而是通过个人发明家的介绍或游说，对他们准备实施或正在实施的成果转化提供资金或其他资源上的支持，通过这种方式，与个人发明家进行合作，共同参与、分享收益。

例如，英国发明家贝希莫，在克里米亚战争期间，设计了一种与常规炮弹相比，飞得更远、爆炸力更强的新型臼炮炮弹。为了完成此项发明，他带着想法和初期成果到国防部毛遂自荐，希望得到军方的资助以便继续完成研制计划。可惜他的项目并未得到认可，结果空手而归，只能暂停研制。幸运的是，一个月后，他与法国国防部长的邂逅使其得到了后者对该项目提供的经费资助。最终贝希莫获得了成功，而法国军方也从中获得了预期的收益，使火炮的作战效能得到了显著的提高。

这时期，军火公司为武器装备的转化发挥了重要作用。美国南北战争时期，鱼雷型号很不齐全，性能很不稳定，常常出现鱼雷攻击发射自己舰艇的"自杀"现象。发明家怀特黑德和卢俾士针对该问题，于1866年合作发明了一种新型鱼雷，无须操纵，性能优异、安全可靠，犹如一艘缩小版的无人驾驶潜艇。凭借这项发明，他们合伙创办了名为"机动鱼雷"的军火公司，为国防领域创新做出了贡献。

而大学在将民用基础研究向国防领域转化中也做出了重要贡献。这样的案列不胜枚举。如第一次世界大战至第二次世界大战期间，哈佛大学为战争需要设计了机电计算机——马克·哈佛系列计算机；宾夕法尼亚大学摩尔学院建造了第一台运用于军事的电子计算机 ENIAC 等。科技专家们主动通过学校课题申请有利于战争的项目，并以此获得经费。所以武器装备创新的成功，不但要实现技术上的性能目标，还要获得军方的认可和推广。如果没有军方的订单，

---

① 威廉·韦尔. 你不可不知道的50种改变战争的武器[M]. 北京：中国旅游出版社，2007：105.
② 李建明. 军事技术创新风险论（N）. 长沙：国防科学技术大学博士论文，2011（9）.

技术发明便不能产生任何经济效益和军事效益。因此，个人、公司和大学里的科学家常常要充当游说者，向政府和军队推销自己的产品，解释其发明较之以往产品的不同和优秀之处，以此说服他们投入资金或进行采购，以完成技术的转化过程。

4. 军事需求牵引转化的趋势愈发明显

由于武器装备的作用越来越突出，军队对武器装备的依赖程度也越来越大，对武器装备发展水平的需求也越来越强。以德国的火箭研究为例，最初仅仅在以布劳恩为首的几个"发烧友"中进行。然而，当军方发觉这个技术可以用来实施远程轰炸后，意识到这正是战时德军急需解决的问题。于是，在需求的推动下，德军对布劳恩的火箭研究计划极为青睐和重视，立即给予支持并纳入国家需要重点发展的军事技术计划之中。"德国军方为了寻找一种能在30年代参与战略轰炸、被视为未来战争的主导的作战方式，意外地发现了冯·布劳恩和他的小组。从此，导弹的研制工作由一个炮兵军官瓦尔特·多恩伯格领导。基地首先被安置在柏林，后来迁到了对外隔离的佩内明德。在那里，世界上第一枚中程弹道导弹的突击研制计划迅速上马，并在1944年获得了成功。"①

情况就如贝尔纳所说："科学与战争一直是极其密切地联系着的；实际上，除了19世纪的某一时期，我们可以公正地说，大部分重要的技术和科学进展是海陆军的需要所直接促成的。这并不是由于科学和战争之间有任何神秘的亲和力，而是由于一些更为根本的原因：不计费用的军事需要的紧迫性大于民用需要的紧迫性，……"②。可见，需求牵引转化的趋势愈发明显。

3.4 第二次世界大战后至今：国家主导基础研究成果转化阶段

第二次世界大战推动了国家组织的科研工作，也使大家普遍认识到科学发现等基础研究工作在军事领域的巨大作用。因此，美国总统的科学顾问万尼瓦尔·布什在第二次世界大战一结束便率先提出了重视基础研究的战略性建议，国家在高度重视武器装备创新的同时，更加关注基础研究发展及向武器装备的转化应用。随着大科学时代的来临，国家第一次积极主动地、有组织地领导推动相关机构进行转化研究，建立起推动转化的激励机制等保障措施。在此背景下，基础研究发展及向国防领域的转化工作得到了长足发展，各种转化方法和成功实践层出不穷。可以说，从第二次世界大战结束至今，基础研究向国防领域的转化应用步入了黄金时期。

① Martin V C. Technology and war: from 2000 B.C to the present[M]. New York: Free Press, London: Collier Macmillan, 1989: 221.
② 贝尔纳. 科学的社会功能[M]. 北京：商务印书馆，1982：241.

1. 基础研究数量激增，但突破性成果减少

实际上，对基础研究的认识和理解，从第二次世界大战前的感性和经验层面，已经上升到理性和理论的层面。正是在第二次世界大战期间积极利用科学成果开发新型武器装备，在战场上夺取了军事优势，起到了改变战争进程的作用，使美国军方改变了过去极少理解和关注科学的冷漠态度。战后初期，布什给总统提交了一份关于战后科学研究计划的报告《科学——没有止境的前沿》，其蕴含的基础研究信仰在科技界和政界广为流传，并成为他们在讨论科学研究和发展政策的形式、目的和选择方面的政治斗争的思想武器和立论根据。布什在报告中强调："一个在基础科学新知识方面依赖于他人的国家，将减缓他的工业发展速度，并在国际贸易竞争中处于劣势"[1]。布什报告在战后的十多年里，广为流传并成为人们对待政府与基础研究关系的思想基础。因此，国家开始大力支持基础研究，使其在数量和领域范畴方面都与上一时期相比，有了较为显著的提高和拓展。

这一时期，数学、化学、天文学、地质学和生物学上都有了突飞猛进的发展。从 20 世纪 40 年代涌现出的一组综合性学科，如控制论、信息论、系统论用不同的方法、从不同的角度揭示了客观世界的本质联系和运动规律，为现代科学技术的发展提供了新的理论和方法。这组学科产生以来，不仅自身得到了迅速的发展，而且成功地运用于自然科学的各个领域，并渗透到社会科学和社会实践的各个方面。战后基础研究的发展十分迅速，诞生了一大批与国家安全息息相关的重大科技成果，其中有核武器技术（包括原子弹、氢弹、核导弹等）、计算机技术、航空航天技术（包括人造卫星、火箭、喷气式飞机等）、微电子技术（包括晶体管、集成电路等）、激光技术、数控机床和机器人技术、新材料技术（包括碳纤维等）、软件技术、互联网技术、相控阵雷达技术、隐形武器技术，等等[2]。

有学者称，20 世纪 50 年代以来兴起了以原子能技术、航天技术以及微电子技术应用为代表的"第三次科技革命"（也有学者认为战后发生的科技革命不止一次），但是客观地说，20 世纪中叶以后的这段时期，虽然基础研究的数量有大幅度增长，但与相对论和量子力学这类可谓"彻底地改变了世界的科学前景和当代科学家的思维方式"[3]的研究相比，称得上突破性成果的基础研究屈指可数。

探其究竟，一个原因就在于当今的科研活动，早已不是大众想象中的"爱迪生试用了接近 1600 种灯丝材料最终成功发明了电灯泡"这样的模式了。科研成为了多个职业科研人员进行的高度分工又高度合作的一项工作。研究深度已

① Bush V. Science: The Endless Frontier[M]. Washington: The National Science Foundation, 1990: 15.
② 冯昭奎. 战后科技革命及其对国际安全的影响[N]. 国际安全研究, 2015（7）.
③ L·V·贝塔朗菲. 普通系统沦的历史和现状. 科学译文集[M]. 北京：科学出版社, 1980：350.

从整体向系统水平转变；研究形式由单学科向多学科整合转变；科研目的由单纯科研向科研效益型转变；研究规模由单个实验室向多个实验室，甚至多中心转变。然而，有效的人类创造需要参与创新的个体具有特例独行的思维和心灵，大规模的团队合作，又需要团队各成员有统一的目标和协调的行动，所以悖论就这样产生了。

2. 科学理论与技术实践互相引导，转化周期进一步缩短

在科学技术越来越分化细化和复杂化的同时，科学与技术之间的联系也越来越紧密。从第三次工业技术革命的产生可以看出，现代物理学和各门技术科学的发展为这场革命奠定了科学基础。如相对论、量子力学的创立，有力地促进了其他基础科学和技术的发展，为新技术领域的开辟提供了理论依据。随着基础科学研究的进步，投资基础科学的那些人，能通过技术转化过程将基础研究成果转化为武器装备创新，进而获得回报。

然而，不仅科学理论引领技术发展，如今技术已成为科学研究的重要源泉。科学理论与技术实现互相作用，互为引导，都可能成为创新的动力。最初万尼瓦尔·布什提出基础研究时认为，新原理和新观念是通过最纯粹的科学领域里的研究艰难地发展着的，这时期的新产品和新工艺是建立在新原理和新观念的基础之上的。[1]但是，在20世纪，一个鲜为人知的互补的变化是，技术已成为科学发展更为重要的来源。这已远非伽利略时代以来一直笼罩着科学的仪器设备问题，而是基础科学探索中的许多结构和过程只能利用技术成就来揭示的问题，实际上，在某些情况下，科学"只能存在于"技术当中。[2]

美国学者 D·E·司托克斯建构的一种"四象限"理论思维框架则很好的将科学理论与技术应用互为引导的关系描述了出来：处于第一象限的"纯基础研究"，又称玻尔象限，指的是不考虑具体的实用目的科学研究，如玻尔对原子模型的探索；处于第三象限的"纯应用研究"，又称爱迪生象限，指的是缺少科学理论参与的纯应用研究，如爱迪生对电照明的研究；而更多的研究是处于第二象限的"由应用引起的基础研究"，又称巴斯德象限，它们兼有理论和实用的双重目的，是既寻求扩展认识的边界，又受到应用目的影响的基础研究，如巴斯德的工作。司托克斯认为，这类工作其实是非常多的，如约翰·梅纳德·凯恩斯的主要工作、曼哈顿工程的基本研究以及欧文·朗缪尔的表面物理学等。

正如刘则渊所指出："伴随科学的不断技术化和工程化，技术与工程也不断科学化。"[3]科学理论与技术实现之间互相作用，互为引导，都可能成为转化应用的动力，促使基础研究向国防领域转化的数量和质量都有了较为显著的提

① Bush V. Science: The Endless Frontier[M]. Washington: The National Science Foundation, 1990.
② 李勇. V·布什报告与美国战后科学研究信念的建构——从科学研究信念史的视角解读《科学：没有止境的前沿》[J]. 自然辩证法研究，2008（3）.
③ 刘则渊，等. 科学知识图谱[M]. 北京：人民出版社，2008：178.

高。同时，转化周期明显缩短。例如，过去电磁波发现到雷达装备应用历时近50年，氢微波激射器到GPS系统投入使用，历时30年。当前，以左手材料研究为例，1999年英国物理学家Pendry证明负折射现象和左手材料存在的理论模型，到2006年美国杜克大学科学家利用该理论制造出"隐形斗篷"，理论研究到应用研究历时仅7年。在数学领域，压缩感知理论成为近期人们关注的焦点，2004年陶哲轩等人发表该理论相关论文，随后在美国自然科学基金会等继续对该理论实施资助，美国海军研究实验室于2007年通过"小企业创新研究"计划资助该理论用于提升MIMO雷达的性能，历时才区区3年。

3. 国家和军队成为基础研究向武器装备转化的主导者

这一时期，国家和军队不但重视武器装备创新，也同样重视基础研究及其向国防领域的转化，并将其摆在一个重要的位置。苏联长期以来高度重视科学和教育，在化学、数学、物理、生物学、材料科学等基础研究领域取得了卓越成就，但其民生产业技术研究却相对落后。战后苏联依靠其雄厚的科技实力，加上来自战败国德国的军事技术专家的协助，很快在1949年实现了原子弹爆炸。1954年，苏联建成世界第一座核电站，标志着人类和平利用原子能的开端。1957年，苏联发射了世界上第一颗人造地球卫星，标志着人类活动从此进入太空，也使美国对苏联科技进步感到十分惊恐。1961年苏联英雄尤里加加林乘坐"东方1号"宇宙飞船进入太空，成为第一个进入太空的地球人。1964年，苏联物理学家尼古拉·根纳季耶维奇·巴索夫、亚历山大·米哈伊洛维奇·普罗霍洛夫和美国科学家查尔斯·汤斯共同获诺贝尔物理奖，表彰他们分别独立制成微波激射器，并导致了激光器的发展。1986年，苏联发射了和平号太空站，在2001年坠毁以前，它是世界上最大的航天飞行器。①

与此同时，身陷军备竞赛的美国也不甘落后，成为了军事上充分利用基础研究、不断发展前沿技术的一个突出例子。在1957年苏联第一颗人造地球卫星发射带来的巨大冲击下，美国科技政策、科技投入与科技教育进行了深入改革。美国氢弹之父泰勒与参议院民主党领袖约翰逊甚至喊出"苏卫一号对美国的打击，要比珍珠港事件更严重。"由此，美国政府开始把布什的基础研究信念奉为经典，并加大了国家对基础研究及其转化的参与力度。如互联网的前身——著名的"阿帕网"，便是在美国政府的主导下发展起来的。

1962年，杰·西·亚·利克里德离开MIT，加入美国高级研究计划署（ARPA，DARPA更名前的称呼），成立了信息处理处，并成为该处的首席执行官。此后，该处一直在关注电脑图形、网络通信、超级计算机等研究课题。也就是在利克里德任职期间，据估计，整个美国计算机科学领域研究的70%都由ARPA这一军事机构赞助。1966年，鲍勃·泰勒继任该处处长，他在任职期间

---

① 冯昭奎. 战后科技革命及其对国家安全的影响[J]. 国际安全研究，2015（2）.

萌发了新型计算机网络的想法，并筹集资金启动试验。1967 年，拉里·罗伯茨来到处里，着手筹建"分布式网络"。不到一年时间，就提出"阿帕网"的构想。随着计划的不断改进和完善，罗伯茨在描图纸上陆续绘制了数以百计的网络连接设计图，使之结构日益成熟。1968 年，罗伯茨提交研究报告《资源共享的计算机网络》，其中着力阐述的就是让 ARPA 的电脑达到互相连接，从而使大家分享彼此的研究成果。根据这份报告组建的国防部"高级研究计划网（ARPANET）"，就是著名的"阿帕网"，拉里·罗伯茨也就成为"阿帕网之父"。1969 年底，"阿帕网"正式在军内投入运行。[①]此时的"阿帕网"有四台主机联网运行，用作接口机的 Honeywell DDP516 型小型机的内存有 12K。

从基础理论到实际应用，早期"阿帕网"的研究开发都是以"保持美国在技术上的领先地位，防止潜在对手不可预见的技术进步"为首要职责的国防高级研究计划署承担的。直到 1970 年，"阿帕网"才开始向非军用部门开放，许多大学和商业部门开始接入。至此以后，"阿帕网"不断发展壮大。回溯"阿帕网"诞生的历史，可以发现，政府主导是"阿帕网"能够顺利发展的主要原因。

随着第二次世界大战中曼哈顿工程的实施，国家主导大型项目成为一种趋势。因为此时国防领域的创新项目大多数具备了大科学的特征：结构更加复杂，规模更加庞大，管理更加困难，投入经费更加巨大。因此只有国家才能全面规划如此巨大的项目。这时科研效率相对较高，国家往往都是在可调配范围内进行大规模的投入和大范围的资源整合。再加上武器装备总是瞄准最先进的技术领域，经过转化迅速投入战场后又总是发挥极其重要的作用，国家和军队也就不得不重视并主导起基础研究的成果转化。

3.5　基础研究引发的科技革命与军事变革

当重大基础研究取得革命性突破时，将辐射带动一系列科学技术发展，甚至可能引发科技革命。每一次科技革命都带动技术的群体性突破，推动革命性、颠覆性技术的大量涌现，对整个社会、政治、经济、科技特别是军事领域产生广泛而深刻的影响，推动国防科技和武器装备的创新发展，引发军事理论、作战样式、编制体制的深刻变革，甚至引起军事革命。

自科学技术成体系以来，已发生了多次科技革命。目前，政府、工业界和学术界比较多的接受人类历史上已经发生了五次科技革命，如表 3-3 所列，认为当今世界正处于第六次科技革命的前夜。前五次科技革命带来了科学技术的快速发展，将人类社会从愚昧无知的黑暗时代一步步带入机械化、电气化、信息化时代，提高了人类的生产效率，改善了人类生活，推动人类战争从冷兵器

① 拉里·罗伯茨——互联网先驱人物[EB/OL]. 科技中国, http://www.techcn.co.

时代逐步进入热兵器时代、巨舰大炮时代、机械化时代、核威慑时代和信息化时代，并将进入智能化时代。

表 3-3　五次科技革命对比表

科技革命	大致时间	主要标志	主体部分	扩展或带动部分	对军事领域的影响
第一次	16 世纪中叶至 17 世纪末	近代物理学的诞生	天文学、物理学	近代科学的全面发展	热兵器时代
第二次	18 世纪中后期到 19 世纪初	蒸汽机和纺织机	动力技术、机械制造	冶金、运输（轮船、火车）等	巨舰大炮时代
第三次	19 世纪中后期	电力和内燃机	电力技术（发电机和电动机）、运输技术（内燃机）和电信技术	钢铁、石化、汽车、飞机等	机械化时代
第四次	20 世纪上半叶	相对论和量子论	物理学	天文学、遗传学、地学等	核威慑时代
第五次	20 世纪 40 年代至 70 年代	电子和计算机	电子技术、计算机技术	核能、航天、自动化等	信息化时代
	20 世纪 70 年代至今	信息和互联网	信息技术、网络技术	生物、材料和制造等	

1. 近代物理学的诞生引发第一次科技革命，推动战争进入热兵器时代

16 世纪中叶至 17 世纪末，以哥白尼、伽利略、牛顿等为代表的科学家在天文学、物理学等领域取得突破性进展，建立了近代物理学的理论体系和试验研究方法，对科学技术的长远发展带来深远的影响，引发了第一次科技革命。1543 年，哥白尼发表《天体运行论》，提出日心说行星运行理论，颠覆了托勒密的地心说。伽利略开创了实验研究方法，并对单摆、落体、抛射等运动进行了深入研究。牛顿在伽利略研究的基础上，运用数学理论对物体运动规律进行了深入总结和理论化深化，于 1687 年发表《自然哲学的数学原理》，对经典力学进行了全面的理论阐述与综合，奠定了经典物理学的根基。天文学和物理学两个领域的革命性突破，推翻了人们对当时占统治地位的教会信条的迷信，解放了人们的思想，带动了其他科技领域的突破发展。

在军事领域，物理、数学等基础领域的突破带来了弹道技术、火枪技术等军事技术的发展，促进了火枪和火炮等热兵器的发展，使战争形态从冷兵器战争转变为热兵器战争。这一时期，伽利略、尼洛·塔尔塔利亚对弹道理论的研究，推进了火炮制造和瞄准技术的发展。牛顿在《自然哲学的数学原理》中也阐述了火炮发射时内部发生的作用及其改进、火炮的最小重量及其与安全度的关系、瞄准法、空气弹道、子弹的空气阻力、子弹对弹道的偏离等问题，被直接应用于提高炮弹射击精度和降低弹药使用成本。此外，科技的发展还带动了造船技术、火药技术、兵器技术、航海技术、冶金技术和金属加工技术的迅速发展。弹道理论、火药技术、冶金技术的发展，提升了火枪、火炮的杀伤力、可靠性和准确度，促进了热兵器在战场的广泛应用，火力逐渐代替体力成为衡量武器威力的第一要素，长枪、大炮等热兵器取代了长弓、长矛等冷兵器，风帆火炮战舰取代桨帆战船。随着热兵器的广泛应用，作战模式也随之改变，陆战的线式战术取代了传统的方阵战术，海战的战列线战术取代了传统的撞击和登船战术。热兵器在战场的普及和应用，以及编制体制、战争形态、作战理论的相应调整，推动战争从冷兵器时代转变为热兵器时代。

2. 蒸汽机和机械技术引发第二次科技革命，推动战争进入巨舰大炮时代

18世纪中后期，人类对客观世界的认识更加深入，科学理论进一步发展，万有引力和力学三大定律等基础理论对技术发展的推动作用进一步显现，蒸汽机技术、钢铁冶炼技术、机械制造技术得到了长足的进步，机器作业在众多领域代替手工劳动，人类生产逐步从工场手工作业向大机器生产过渡，人类生产突破了自然的限制，生产效率极大提高，引发了第二次科技革命。1781年，瓦特发明旋转式蒸汽机，突破了自然力的局限，为工业生产、运输等提供了强大动力，使大规模工业生产成为可能。罗布克改进了炼钢鼓风技术，科特发明搅炼法和碾压法炼钢技术，提升了炼钢的速度和质量，为工业生产和武器装备发展提供了大量高质量的原材料。莫斯利发明了螺纹丝杆车床，直接带动了大型机器加工厂的出现，为近代机械化工业生产奠定了基础。新型蒸汽机技术、冶金技术、机械制造技术等的互动发展，为大规模工业生产提供了动力-材料-工具的全环节支撑，推动了生产力的跃升。

在军事领域，蒸汽机技术、钢铁冶炼技术、机械制造技术的发展推动了蒸汽动力舰船技术、火枪炮技术、兵器技术等军事技术的发展，武器系统的打击力、防护力和机动力等显著提升，战争形态从热兵器战争向巨舰大炮战争转变。战船领域，蒸汽动力推进取代风帆动力，铁甲船体取代取代木质船体，舰炮威力不断改进，铁甲战船的机动能力、火力打击能力、防护能力全面超越传统的风帆战船。1813年和1827年，美国和英国分别制造出第一艘新型蒸汽动力军舰，军舰的机动性显著提升。在火力和防护能力方面，冶金、制造技术的发展推动了火炮和装甲技术的发展，更重更大的线膛炮不断列装，炮弹的射程越来越远，破坏力越来越强，战船的防御能力随着装甲厚度增加不断提升，开创了船坚炮利的新时代。

3. 电气技术引发第三次科技革命，推动战争进入机械化时代

19世纪30年代起，在电磁理论和内燃机循环理论的基础上，电力技术（发电机、电动机技术等）、电信技术（电报、无线电技术等）和内燃机技术取得突破性进展，引发第三次科技革命，推动人类从蒸汽时代进入电气时代。在电力技术方面，各种直流发电机、交流发电机、变压器、交流电机相继问世并投入使用，电力技术迅速发展，形成了以电力技术为核心的技术体系。与此同时，电报、电话、无线电等电信技术也相继被发明，为远距离快速通信提供了技术手段。在内燃机方面，奥托根据德罗夏提出的内燃机操作循环理论研制出四冲程煤气内燃机，戴姆勒发明汽油内燃机，狄塞尔研制出采油机，与蒸汽机相比，功率显著提升，体积大幅缩小，内燃机逐步取代蒸汽机成为主要动力源，推动汽车、飞机、轮船等交通工具的快速发展。

电力、电信、内燃机等技术在军事领域的应用，促进了飞机、坦克和航空母舰等机械化武器装备的发展，推动战争进入机械化时代。电力技术和内燃机技术的发展及在社会生产中的广泛应用，促进了冶金、电力、机器制造等产业的发展，为枪炮及弹药的大规模制造和性能改进提供了技术、物质的基础，催生了坦克、大炮、军舰等机械化武器装备。坦克将内燃机的机动能力、火炮的打击能力和金属装甲的防护能力集成于一身，成为陆地上的移动城堡，对传统的陆战样式造成了极大冲击。以内燃机为动力的汽车、摩托车、装甲运输车、飞机等运输工具的出现，使军队的战场机动从徒步、乘马等人力、畜力方式转变为机械力方式，军队机动速度、机动规模显著提升。电报、无线电通信技术的发展，使军队之间能够实时传递信息，军队的侦察、联络和指挥发生革命性的变化，使军队的统一行动和密切配合成为可能，大规模机械化集团作战迈上战争舞台，战争的残酷性、破坏性显著增加。

4. 量子理论和相对论引发第四次科技革命，推动战争进入核威慑时代

20 世纪上半叶，量子论和相对论相继被提出，将人类对客观世界的认识在微观和宏观两个方向进行了极大的拓展，颠覆了经典物理对世界的认识，引发了第四次科技革命。20 世纪初，普朗克和爱因斯坦相继提出"量子"和光量子概念，海森堡、薛定谔先后创建矩阵力学和波动力学，催生并完善了现代物理学的第一块基石"量子论"。1905 年和 1915 年，爱因斯坦先后提出狭义相对论和广义相对论，深刻揭示了运动与时间、空间的统一性，奠定了现代物理学的另一块基石。在狭义相对论中，爱因斯坦提出了著名的质能方程 $E=MC^2$，在质量和能量之间建立了联系，为人类利用聚集在原子核内部的巨大能源提供了理论基础。

在军事领域，核理论和技术的出现和发展为武器装备向"核化"转变创造了技术条件，开启了核军事应用的大门。科学家将质能方程与放射性物质的衰变现象相结合，提出利用放射性物质衰变时质量微小损失释放出的巨大能量，发展具有极大破坏力的核武器。20 世界 30 年代，美苏等军事强国开始研制原子弹，拉开核武器时代的序幕。1945 年，美国研制出第一颗原子弹，将武器装备的破坏力提升到前所未有的高度，标志着人类正式进入核武器时代。随后，美国先后在日本本土投下两个威力巨大的原子弹，加速了日本的无条件投降和第二次世界大战的结束。此后，苏联、英国、法国和中国相继研发出了原子弹和氢弹等核武器。在核武器巨大杀伤力的阴影下，核大国之间的大规模作战越来越难以出现，核威慑背景下的有限战争成为战争的主要样式。

5. 信息技术引发第五次科技革命，推动战争进入信息化时代

20 世纪下半叶，在量子理论发展的促进下，原子物理和固体物理得到了极大的发展，对原子、分子以及原子核结构和内部运动规律的研究达到新高度，推动了半导体技术的发展。以半导体技术为基础，结合图灵的可计算性理论、申农的开关代数、冯·诺依曼的计算机体系结构，电子技术、计算机、信息网络技术取得重大突破，广泛渗透影响到社会、生产、生活的各个方面，为人类进入信息时代奠定了理论和技术基础，引发了第五次科技革命。20 世纪 50 年代前后，晶体管与集成电路先后被发明，电子技术、计算机技术开始广泛应用，人类开始进入电子时代；20 世纪 70 年代，美国在四所大学之间建立"阿帕网（ARPANET）"，标志着计算机互联网的开端。此后，网络技术快速发展应用，人类进入网络时代。

在军事领域，以微电子技术、计算机技术和网络技术为核心的信息技术，推动了信息化武器装备的发展，信息能力成为作战能力不可或缺的一环，信息对抗成为军事对抗的重要组成部分，信息优势成为打赢现代战争的关键，人类战争进入信息化时代。微电子技术应用于武器装备，使武器系统的体积、质量和功耗大大减小，作战效能显著提高。电子计算机技术、航天技术的发展，催生了高精度侦察监视装备、精确制导武器、军事通信系统、指挥控制系统，信息获取精度与数量，信息传输速度与容量，信息利用效率持续大幅提升，信息在战争中的地位不断提升。网络空间感知、网络空间攻击和网络空间防御等技术的发展，使得未来信息化作战将可能从网络空间发起，网络空间对抗装备成为联合作战体系的重要组成部分，网络电磁空间成为与传统陆海空天并列的作战空间，人类进入了信息化战争时代。

3.6　历史启示

总的来看，从历史演化的角度分析，基础研究发展呈现出由慢到快，理论与技术的关系由各自独立到相互引导，基础研究向国防领域的转化应用由偶然自发到国家主导等特点。纵观不同阶段基础研究发展和转化的情况，特别是二战后基础研究发展转化的特点，我们可以得到如下启示。

首先，基础研究是获取军事技术优势的先导，也是提高国防科技整体水平的关键。19 世纪前后，科学理论超前于实践并指导实践已成为一种普遍现象。基础研究不仅成为获取军事技术优势的源泉与先导，而且成为提高国防科技整体水平的关键。即使从基础研究到武器装备的转化动辄要几百年、几十年，但它的价值却不可估量。正如电磁学理论的革命性突破，至今人类在军事领域仍享受着它应用的无限风光。20世纪以来，雷达、原子弹、GPS等重要发明，都是通过科学家的基础理论创新牵引出来的重要武器装备。

其次，紧贴国家安全和国防建设战略需求，牵引基础研究向国防领域的转化应用。正如贝尔纳所说，科学与战争一直是极其密切地联系着的；实际上，除了19世纪的某一时期，可以客观地说，大部分重要的技术和科学进展是军队发展和国防建设的需要所直接促成的。这并不是由于科学和战争之间有任何神秘的亲和力，而是由于一些更为根本的原因：不计费用的军事需要的紧迫性大于民用需要的紧迫性①。特别是今天，随着世界军事竞争进一步向原始创新前移，国家安全和国防建设对基础研究的需求日趋迫切，国家安全和国防建设的战略需求成为牵引基础研究向国防领域转化应用的重要因素。

再次，坚持制度创新、体制创新和机制创新，摒除科学技术体制化带来的弊端，不急功近利。第二次世界大战以后，世界范围内的科学技术体制化逐渐形成。与科技体制化进程不相适应的是，基础研究实际上需要更多的时间，更多的自由以及更多对反常的容忍力。从历史上看，许多基础研究都是不可预期的，更不可能事先规划，试图一窝蜂地搞出一系列重大科学发现，是难以获得成功的。正如刘戟锋教授所言，"科学打破沉寂的条件：一个宽松的环境，一点闲暇的时间与一种平和的心态。"②以基础研究为源头的转化，必须尊重科技和军事的内在联系和规律，不得急功近利。唯有在制度创新、体制创新和机制创新上下功夫，摒除科技体制化带来的弊端，才能真正推动基础研究创新和转化应用。

最后，在国家层面，依靠国家行为和国家意志，加强军民相关部门的协同互动，形成共同推进转化的合力。20世纪以来，国家越来越多地参与到武器装备的转化中来，转化已成为国家行为和国家意志的反映。部分武器装备的转化由国家高层作出决策，依靠国家顶层决策、政府部门联合协同、执行机构联动实施，并由国家政府和军队管理部门共同组织管理和推动，确保了这些转化应用的高效顺利推进。

---

① 贝尔纳. 科学的社会功能[M]. 北京：商务印书馆，1982：241.
② 刘戟锋. 莫忘颠覆性技术后面的基础科学[N]. 人民日报环球走笔，2015-04-08.

第4章 军事强国推动民口基础研究向国防领域转化应用的经验做法

推动民口基础研究成果向国防领域转化应用是实现军民良性互动协调发展的必然选择，是建立军民融合式国防科技创新体系的有效途径。主要军事强国为了保持军事优势和国防科技工业活力，高度重视推动民口基础研究向国防领域转化应用，在管理模式、转化机构、转化方式、激励措施、资助体系等方面开展了一系列的工作部署，其优秀经验和做法值得我们总结和借鉴。

4.1 军事强国推动民口基础研究向国防领域转化应用的基本情况

主要军事强国高度重视通过基础研究发掘装备发展的机遇，在推动民口基础研究向国防领域转化应用方面做了大量工作，根据其自身实际情况，形成了各具特点的转化方法，取得了良好成效，促进了国防基础研究和武器装备发展的相互砥砺、推挽前行。

1. 美国为保持军事优势和国防科技工业活力，全方位鼓励民口基础研究成果向国防领域转化应用

在新的经济和安全环境的需求下，为了能在国防投入减少的前提下仍然保持军事优势，美国政府十分重视推进民口基础研究成果向国防领域的转化应用。

制定相关政策法规，为民口基础研究成果向国防领域转化应用提供法律保障。美国为推动包括基础研究在内的民口创新成果向国防领域的转化应用，制定了一整套法律法规作保障[1]。1992年美国公布了《国防转轨、再投资和转移法》；1993年发布了《国防授权法》，明确提出军民一体化的思想，指示国防部修改其采办政策，以鼓励国防和民用工业基础的一体化；1994年出台了《联邦采办精简法案》，规定了许多促进军民一体化的条款。此外，美联邦勤务部、国防部和国家航空航天局共同制定了《联邦采办条例》，对民用产品和技术的采购管理部门、采购计划制定程序和合同签订方法作了详细规定。21世纪初，美国

---

① 陈晓和，马士群. 中美国防科研投资模式比较及经验借鉴[J]. 军事经济研究，2013（3）：5-7.

原本军民分离的两个工业基础已基本融为一体①。此后，美国政府一直坚持通过军民一体化战略来落实民口基础研究成果向国防领域转化应用，并更加强调通过竞争来推进民口基础研究成果向国防领域转化应用。2009 年，美国签署了《2009 年武器系统采办改革法》，提出了推动"竞争最大化"的要求，要求主承包商在开展分系统竞争时应公平对待对其他分包商，不得限制其他分包商参与竞争，军方要对分系统的自行研制或转包计划进行审查监督，避免主承包商对重大项目的所有工作"通吃"②。在这些政策法规的推动下，美国民口基础研究成果向国防领域转化应用向更深层次推进。

改革规范和标准，为民口基础研究成果向国防领域转化应用提供便捷。2003 年，美国国防部颁布了《国防采办系统》和《国防采办系统运行》（即 5000.1 和 5000.2 文件），鼓励民口企业参与防务生产。美国国防部允许承包商确定自己的质量体系，并要求该质量体系坚持美国民用质量标准 ANSI/ASQC-9000 所规定的 20 项要素。通过推行军事标准改革，对过去所有军用标准和规范进行全而清理、审查，废止了大量军用规范和军用标准，代之以民用标准，大大提高了民用标准、性能规范在国防部标准化文件中的比例。在国防采办过程中，鼓励承包商最大限度地采用满足军事需求的民用标准和性能规范，只有在确实没有民用标准可用，或现有民用标准不能满足军事要求时才考虑使用军用标准，而且使用军用标准必须经过批准③。

建立相关管理机构，为民口基础研究成果向国防领域转化应用提供发展平台。美国国防部中参与民口基础研究成果向国防领域转化应用相关的机构较多，如中小企业利用局、国际与民用系统局、鼓励竞争与私有化局、工业能力评估局、技术转移办公室、科学技术局等。其中，在军方和政府实施层机构中设立的"技术转移办公室"④是军民用技术转移的重要渠道，主要工作是加强各政府机构之间的协调，从最切合实际的角度出发，实现军民技术的相互转移，从而提高国家科技工业基础的总体实力。技术转移办公室是美国国防部军民两用技术的综合管理机构，负责拟订技术转移和两用技术政策，监督国防部和各军种的科研工作，确定有商业化的技术项目，向国会汇报国防部与工业界共同进行的两用项目的进展，同时与能源部和商务部的技术转移工作进行协商合作，帮助私营企业解决技术转移中的保密、知识产权和其他法律问题。1995 年底成立的联合两用技术办公室，负责两用科学与技术计划（DUS&T）的日常管理，主要研究为国防服务的新方法和途径⑤。此外，美国商务部、农业部、能源部等政府部门，以及各行业协会和大学也建立了类似的技术转移机构。

---

① 惠拉林. 国外"军民融合"模式览要[J]. 政工导刊, 2010（12）：21-22.
② Public law111-23. Weapon Systems Acquisition Reform Act（WSARA）of 2009：202（c）.
③ 李伯声. 发达国家推动寓军于民的主要做法[J]. 国防科技工业, 2006（11）：18-20.
④ 李萍, 马曙辉. 国防科技成果推广转化机制探讨[J]. 国防技术基础, 2014（1）：41-46.
⑤ 向勇. 民营企业进入国防科技工业的政府规制分析[D]. 武汉：华中师范大学, 2007.

建立有效的项目管理机制，对基础研究转化应用进行全过程管理和控制。美军的基础研究项目管理过程主要步骤如下[1]。首先，公开发布公告。军方基础研究管理部门拟定"综合性部局公告"，提出研究项目的技术性能、进度和成本等要求。为使更多高等院校能够积极参与政府投资的国防基础研究项目，美国政府在联邦资助网（www.grants.gov）、国防部"商业机遇"网等媒体上详细列出了国防基础研究项目资助公告，想要申请研究项目的个人或单位可通过多种方式检索到国防部及其下属单位公布的资助公告，公告上列出了项目编号、投资部局、申请截止日期、资助项目说明等内容，可供申请者参考，申请者可通过该网提供的申请表单提交申请。其次，初审和提交"研究建议书"。军方按照事先公布的评审标准对"白皮书"进行评审，初步挑选出一些单位进入下一轮竞争。被军方初步选中承担研究任务的单位在规定期限内提交一份正式的"研究建议书"供军方审议[2]。再次，正式立项。军方组织评审小组，按照事先公布的评审标准和程序，对收到的全部建议书进行评审，综合评价项目的科技价值，军用潜力，主要研究人员的资历、能力与成就，承担着的设备条件，管理计划的合理性和经费预算的现实性等因素，根据评审结果选择合适的科研单位进行谈判，经考核后确立基础研究项目[1]。最后，项目过程控制与验收。美军对项目实施过程的监督和控制较为严格。基础研究项目主要有资助类和合作协议类两种，根据不同的项目类别，美军采取的验收方式也有所不同。

2. 英国紧步美国后尘，将民口基础研究成果向国防领域转化应用作为推进军队转型的重要举措

冷战结束后，英国顺应世界新军事革命发展，开始启动军事转型。英国军方非常重视民口基础研究成果向国防领域的转化应用[3]，将其视为加速推进军队转型的最重要举措之一。

政府和军队积极引导。英国国防部虽然没有专门下属机构开展基础研究，但其发布的很多军事科研项目都包含相关基础研究内容，项目主承包商可根据需要，吸收大学和科技创新机构承担这些基础研究任务，因此国防部在间接地推动相关基础研究的发展。为了利用基础研究领域的最新成果，国防部通过科学出版物、政府网站和科研数据库等多种渠道及时掌控国内外基础研究的最新发展，并积极参加由学术界、工业界和装备使用部门组成的各种技术小组和委员会。此外，国防部还通过实施"国防科学工程技术奖学基金计划"，鼓励在校大学生选修和掌握相关基础学科与工程技术，推动国防科技研究与工程人才的培养。这种做法既充分利用了民口基础研究潜力，使军事科研有了坚强的后盾，同时军事的投资又刺激了民用科研机构的科研能力，成为英国国防基础研究发

① 田华. 美国国防部基础研究管理体制分析[M]. 北京：北京大学出版社，2012（10）.
② 范少杰. 国防高技术预研项目管理模式研究[D]. 郑州：郑州大学，2011.
③ 罗远洲，孙邦栋. 世界主要国家国防科技发展战略及启示[J]. 后勤指挥学院学报，2010（3）：57-59.

展较快的主要原因之一。

3. 俄罗斯加快军工体制改革,推进民口基础研究成果向国防领域转化应用

随着民口高技术企业的发展,俄罗斯为振兴军工产业,开始启动推动民口基础研究成果向装备技术领域转化应用的战略,加快了军工体制改革[①]。

重视顶层设计、加强机制保证。俄罗斯联邦安全会议作为总统重要的决策机构,主要负责制定保障俄罗斯国家安全的宏观战略。组织制定实现国家战略目标的联邦计划,并对涉及俄国家安全的经济、社会、防务、科技、生态等战略性问题进行研究。俄联邦安全会议下设有专门的科学委员会,负责组织涉及国家安全领域的基础研究,以及对影响国家战略发展的科技优先发展领域进行审议等。此外,在政府层面成立了以政府总理为主席的"跨部门科技政策协调委员会",成员包括军方、民用各部门、联邦政府机关、学术界,以及科技管理有关部门的代表等,有效保障了各方面科技发展的统筹和协调。俄罗斯制定了多项国防科技和武器装备发展计划,包括"关键国防技术计划""两用技术计划""国家武器与军事装备发展计划"等。这些计划兼顾了与国防相关的基础科学问题,增强了基础研究的潜在军事应用前景,加快了与国防相关的基础研究步伐。

4. 日本长期实施以民掩军战略,民口基础研究成果向国防领域转化应用潜能巨大

日本战后科技发展历程大致分为三个阶段[②]。一是"技术引进"发展战略时期。通过技术引进发展战略的实施,日本的经济进入高速发展时期。这一时期,崛起了钢铁、合成纤维、石油化学、电子工业等一大批新兴产业。据统计,从 20 世纪 50 年代至 1977 年,引进国外技术达 2.9 万多项。二是"科学技术立国"发展战略时期。这一时期日本大力开发节能技术、新能源和石油替代技术。三是"科学技术创新立国"发展战略时期。20 世纪 80 年代中后期,日本政府提出了"科学技术创新立国"的发展战略,希望实现发展模式的彻底转型,即由一个技术追赶型国家转变为科技领先型国家。日本战后长期实施以民掩军战略,民口基础研究成果向装备技术领域转化应用潜能巨大。

在核技术领域。日本早在 1966 年就提出研发核武器的计划,虽然该计划被美国察觉并被迫中止,但日本从未停止研发核技术活动,目前已形成完整的核产业链与核技术能力,制造核武器在技术上不存在障碍。日本拥有完整的核燃料循环体系并掌握生产钚及浓缩铀技术,在核聚变、快堆等高新技术领域开展了大量研究。日本还拥有大量核聚变试验装置,已研发出超高速计算机系统用于核爆炸模拟试验。日本军事专家证实,日本制造核武器在技术上已"不成问题"。因此,日本尽管尚未制造出核武器,但日本具有世界领先的核技术研究与开发应用能力,具有丰富的核原料储存,有能力在短时间内制造出一定规模

---

① 郑杰光. 俄罗斯军工改革及启示[J]. 国防科技工业, 2011: 80-82.
② 毛兴斌, 边江璐. 技术创新—日本科技政策的三次"启航"[J]. 现代经济, 2013 (9): 60-62.

的核武器。

在无人技术领域。日本高度重视无人装备的发展和应用。经过长期努力，日本在无人装备领域积累了雄厚的工业基础，无人技术研发已达到世界先进水平，为军用无人作战系统发展奠定了坚实基础。20世纪80年代以来，日本在微电子、光电子、纳米、微机电、计算机、信息处理、通信与网络、新材料、动力等新技术迅猛发展，为无人技术的发展和应用奠定了坚实的技术基础。近年来，日本不断在人工智能、神经网络、人-机接口、分布式计算、智能结构等前沿技术方向加大投入，其科技成果相继体现在不断更新换代的各类无人机上，无人技术研发水平已达到世界先进水平。因此，日本拥有世界领先的工业机器人产业，在技术、平台、应用方面有长期的积累，一旦需要，可快速将工业能力和技术积累转化为无人作战系统研制优势。

在高超声速技术领域。日本高度重视高超声速技术的军事应用潜力，制定了发展规划，按照速度由低向高的模式渐进开展高超声速飞行器技术研究，其关键技术不断取得突破，高超声速技术进一步成熟。日本在吸气式高超声速飞行器领域研究工作起步较早，投资规模较大，技术发展规划稳定，研制计划循序推进。日本在高超声速领域已经完成了一系列研究和试验项目，取得了丰富的经验，在总体方案设计、射流预冷推进技术、先进耐高温复合材料和试验技术等多个方向取得突破，达到了世界领先水平，为今后快速发展奠定了技术基础。特别是在高超声速发动机研究方面，设计了作为高超声速发动机的预冷却涡喷发动机，运行速度达到6马赫，并在点火试验中证明了发动机的可行性；在涡轮—冲压发动机的地面试验方面已经开展了5马赫的运行试验，并通过试验证实了实现5马赫的技术方法[①]。

在网电空间技术领域。日本高度重视网络信息安全建设与运用，大力发展网络作战能力，建立了网络攻防专业化部队，基本形成了攻防一体的网络安全体系。根据日本《读卖新闻》2012年1月1日报道，日本富士通公司正在开发一种能够有效识别和打击黑客及应对其他网电威胁的"病毒"武器。在受到网电攻击时，该病毒可反向探知攻击路径，直捣攻击源，并让攻击程序瘫痪，其实质上是一种网电攻击武器。日本军方深入开展网电空间作战理论研究，通过与民口企业的合作，加快发展网电攻防技术，已研制出多种网络战武器，具有巨大发展潜力。日本利用自身计算机软硬件优势，在对外销售的相关产品中嵌入病毒芯片或逻辑炸弹，有能力在平时窃取别国军事机密，在战时破坏别国计算机系统和关键数据。

在海洋技术领域。日本拥有世界级造船技术，海面大型战舰、潜艇的性能指标达到世界先进水平，大型战舰可快速升级为轻型航母，借助成熟的核技术，

---

① 赵海洋，刘书雷，吴集，沈雪石. 国外高超声速临近空间飞行器技术进展[J]. 飞航导弹，2013（9）：8-13.

60

日本具备了核动力航母和潜艇的建造能力。历史上，日本曾建造过战列舰、航母等巨型军舰。第二次世界大战后，日本舰艇研发和制造能力一直保持较高水准，其先进的造船技术也通过民用造船传承和发展，形成了雄厚造船实力和配套设备生产能力，保持着世界先进的造船水平。海上自卫队的潜艇长期保持一年一舰的速度换装，其生产主要由三菱重工和川崎重工负责。现役的三型潜艇（春潮级、亲潮级、苍龙级）在战斗系统、武器装备、造舰材料、推进系统、消音降噪等方面均达到世界常规潜艇一流水平。由此可见，日本拥有世界一流的造船工业和先进的造船技术，不仅具备较强的舰艇转产能力，而且其商船和大型舰船的改造提升也潜力巨大。日本拥有核动力研发和应用潜力，一旦需要，能够形成核潜艇和核动力航母研发和建造能力。

在航空技术领域。日本航空工业发展至今已有百年历史，航空工业实力雄厚，形成了较为完整的航空工业体系和科研生产能力，航空装备生产能力还有较大的扩充潜力。日本航空领域每年都会产出大量的成果和专利，在材料工艺、热处理、精密加工和先进材料成型等方向达到了世界先进水平。日本航空领域科研的主要特点是高标准的质量控制和生产技术的运用，能快速将国外技术与本国发展融为一体，对技术作独到的改进。日本在航空领域已经基本形成了扎实的工业基础、可靠的技术储备和丰富的人才保障，可以独立从事新型作战飞机和机载装备的研制生产。

在航天技术领域。随着日本国内政治日益右倾化，日本航天政策彻底背弃"和平利用"的承诺，航天发展日益军事化。日本在航天装备技术领域跻身于世界前列，空间对抗装备作战潜力不容小觑。日本不仅独立研制和发射了 M 系列、N 系列和 H 系列等运载火箭，还研制和发射了多颗技术先进的资源卫星、科学卫星以及空间探测器，具备了独自发射卫星的能力。2012 年 9 月，日本发布了"准天顶卫星系统（QZSS）"未来发展规划，计划在 2018 年前完成 QZSS 系统的部署，其空间段由 3 颗 QZS 卫星和 1 颗地球静止轨道卫星组成，并可扩展为 7 颗卫星组成的星座。每颗卫星均可播发多种信号，包括 GPS 的民用信号以及 QZSS 系统的四种特殊信号（L1S、L5S、L6a、L6b），这四种信号完全可以在战时用于军事目的。除了运载发射，日本还隐蔽发展空间对抗装备技术。日本航空航天探测局与日本制网株式会社合作研制"电磁网"，用于空间碎片清除。根据设计，该"电磁网"进入空间展开后，将利用特殊技术产生磁场，吸引、捕获空间碎片，并在地球引力作用下逐渐降低高度，最终重返大气层坠毁。该"电磁网"一旦研制成功，将有能力转化为太空对抗装备，其不仅可以捕获空间碎片，对当前在轨卫星也有相当大的威胁。可以看出，大力推动空间军事应用，是日本未来发展的重点，日本通过修改法律法规为军事航天发展铺平了道路。日本的各种卫星平台、载荷等关键技术发展迅速，能够形成对我全纵深侦查监视；运载火箭技术已达到世界先进水平，稍加改造即可衍变为各种中远程导弹；隐蔽发展的空间对抗装备具有较高水准，战时将对我空间资产安全构成严重威胁。

4.2 军事强国推动民口基础研究成果向国防领域转化应用的主要特点

基础研究成果向国防科技转化应用涉及面广、影响因素多，是一项复杂的系统工程。尽管主要军事强国推动基础研究成果向国防领域转化应用的方式和途径各不相同，但都遵循着国防科技成果转化的基本规律，呈现出以下一些共同的规律和特点。

1. 多种渠道发布军事需求，将与国防相关的基础科学问题融入到国家基础研究计划中，促进基础研究成果向国防领域转化应用

军方主动引导是加速国防基础研究成果向国防领域转化应用的重要环节。美国等主要国家十分重视军事基础科学问题需求的发展，通过将军方基础科学问题融入到国家基础研究计划中，牵引和促进了基础研究成果向国防科技的快速转化。

公开发布国防科技发展战略，引导国家基础研究发展。美国等主要国家通过制定和发布中长期国防科技发展战略以及不同层次的国防科技政策指南，对本国基础研究发展加以引导，确保基础研究能够服务于军队建设的大方向和装备发展的总目标。其中，美国建立了与国防相关基础科学问题研究较为完善的顶层指导政策，从宏观到具体共分四个层次。第一层次是《2020联合构想》和《四年一度防务评审》等顶层战略文件；第二层次是《国防科学技术战略》；第三层次是国防预研"三大计划"，包括《基础研究计划》《国防技术领域计划》和《联合作战科学技术计划》；第四层次是国防部业务局及军种部根据国防部"三大计划"制定的科技计划以及相应预算和"计划目标备忘录"。近年来，英国国防部也制定了《国防工业战略》《国防技术战略》等战略性计划，对基础研究的发展及成果转化进行指导。俄罗斯同样制定了多项国防科技和武器装备发展计划，包括"关键国防技术计划""两用技术计划""国家武器与军事装备发展计划"等。这些计划兼顾了与国防相关的基础科学问题，增强了基础研究的潜在军事应用前景，加快了与国防相关的基础研究步伐，确保了基础研究一旦取得突破就可以向国防科技进行转化应用，促进武器装备创新发展和性能水平的提高。

充分利用先进信息网络平台，广泛发布国防基础研究需求。美国等主要国家非常重视基础研究需求信息发布，以先进的信息网络技术为手段，促使更多科研院所能够积极参与政府投资的国防基础研究项目。美军各类研究办公室管理的基础研究项目都要求开始于"广泛机构通告（BAA）"①，类似于我国的"项目申请指南"，可通过各军种和 DARPA 的网站获得，每年发布一次。此外，美国政府还在联邦资助网（www.grants.gov）、联邦商业机遇网（www.fbo.gov）等网络平台上详细列出了国防基础研究项目资助公告，如美国海军陆战队负责的"联合非致命武器办公室"，就曾在联邦商业机遇网上发布信息，寻找用来诱捕敌军舰船的新原理和新技术。由美国国防部支持的"DoD TechMatch""TechLink Center"和"FirstLink"等网站一方面公布军方对基础研究的需求信息，一方面向社会征集基础研究成果，全方位寻求基础研究成果向国防领域转化应用的合作机会②。

实施重大科技工程和重大科技计划，加速推动基础研究成果向国防领域转化应用。自"曼哈顿"计划以来，美国等主要国家围绕自身国家发展目标和重大需求，不遗余力地组织重大科技项目和工程，突破基础科学问题，攻克关键前沿新兴技术。重大科技工程实施过程中，经常邀请国防部或军队有关机构参加，从而加快推动了相关基础研究成果在军事上的转化应用。美国在战后为保持科技领先地位，几乎每隔 10 年左右就会推出一个科技发展计划，规划并实施了多项重大高科技产业工程。在国家纳米计划（NNI）中，美国成立有专门的"纳米技术专项委员会"（NSET），在国家科技委员会的指导下，统筹协调参加该计划的各政府部门（包括国防部）和研究机构的工作。这些政府部门通过纳米技术专项委员会的统一协调和管理，从不同领域拓展纳米技术的研究和开发。2005 至 2007 财年，通过美国防部的努力，美国政府对纳米技术研究的投资约有四分之一被应用于军事项目。

2. 搭建基础研究成果交流平台，架设基础研究成果转化桥梁，创造基础研究成果向国防领域转化应用的机会

美国等主要国家通过搭建基础研究成果交流平台、广泛征集建议、科学评估基础研究成果等方法，积极创造基础研究成果转化应用机会，有效推动了基础研究成果向国防领域的转化应用。

建立多种信息交流渠道，促进军方同科技界的沟通。美国等主要国家通过建设不同层次、不同方式的基础研究信息交流渠道，大力推动军方同科技界的沟通交流，努力推进基础研究成果向国防领域转化应用。2005 年，美国国防情报局与国防情报局技术预测与评审特别委员会举行"技术预警"会议，利用技术评估新方法对未来可能影响美国军事优势的信息技术、生物技术、微纳米技术的发展进行评估，增强了军方对相关领域基础研究信息的掌控，从 2009 年起，"技术预警"会议改为年会形式。美国国防部每月一次定期召开"关于新兴技术的国防科技研讨会"，以促进军方与产业界和学术界的对话和交流。美国国防信

① 田华. 美国国防部基础研究管理体制分析[M]. 北京：北京大学出版社，2012（10）.
② 屈婷婷，刘书雷. 研究向国防领域转化应用机理分析[J]. 科学管理研究，2016，34（3）：24-27.

息技术中心还成立了"虚拟技术博览会"，为军方提供各种新兴科技信息，包括科技进展介绍、预计的发展潜力、项目里程碑等具体内容。英国国防鉴定与研究总局每年举行一次"探索者情况通报会"，通报军方对科技发展的需求，为科技界向军方推荐基础研究成果和转化应用建议提供了正式途径。

组建军内外技术合作联盟，扩大基础研究成果转化机会。建立由军兵种实验室、工业界和大学研究人员组成的合作中心，是实现基础研究成果向国防科技快速转化应用的重要手段。美陆军通过经国防部批准的四个中心和五个合作技术联盟，与学术界、政府及工业界建立了稳定的合作关系，促进基础研究成果转化应用。美国 NASA 制定了"创新合作伙伴计划（IPP）"，通过投资以及与工业界、学术界、政府部门、国家实验室等的合作，为 NASA 的任务需求、计划目标等提供所需的技术和能力。英国国防部建立了电磁遥感、数据与信息融合、人力因素集成、自主系统系统工程等四个国防技术中心，加强与其他机构和工业界的合作①。英国国防部还鼓励和支持大学在传感器、C4ISTAR 支撑技术等飞速发展的领域成立"研究优势中心"，其国防科学技术实验室的人员将与这些中心开展合作。

成立促进基础研究成果转化应用的国防科技管理机构，架设基础研究成果转化桥梁。美国等主要国家通过建立国防科技管理机构，加强组织管理，为基础研究成果向国防领域转化应用提供了管理支撑。美军国防高级研究计划局（DARPA）一贯致力于获取、验证国防科技创新的"思想火花"，并确定这些思想在未来战场的可行性和潜在应用价值，创造新的军事能力，为基础研究成果向国防领域转化应用架起了桥梁。俄罗斯正在筹建一个类似于 DARPA 的军事技术研究机构，架设基础研究成果向国防领域转化应用的桥梁，大力支持创新技术的突破，推动先进武器技术的发展。英国国防部成立了类似于"孵化器"的国防企业试点中心，对在国防领域有潜在应用的新技术、新方法进行资助和验证，该中心鼓励基础研究人员发展新的国防科技，积极寻求创新提议，并采纳其中的最佳部分作为新型军事装备生产及军事技术研发的研究课题。

3. 严格开展转化项目遴选评审，健全完善基础研究成果评价机制，提高基础研究成果的转化效益

转化项目的遴选和评审是基础研究成果向国防领域转化的重要环节，对于转化项目的顺利实施具有关键性影响。美国等主要国家严格进行基础研究成果转化应用项目的遴选和评审，有效降低转化应用的风险，大力提高基础研究的转化效益。

以军方需求为项目遴选准则，提高转化应用的针对性。基础研究成果向国防领域转化的项目遴选和评审，不同国家、不同部门在细节上具有不同的特色，

---

① 屈婷婷，刘书雷. 基础研究向国防领域转化应用机理分析[J]. 科学管理研究，2016，34（3）：24-27.

但坚持以军方需求主导是主要国家的普遍做法。军方人员在项目遴选评估中发挥主导作用，项目评议小组由军方来组建，或军方人员直接参与评议。同时，基础研究成果转化应用项目的立项评价普遍以军事需求和潜在价值为主要指标。在具体审评过程中，美军为确保转化应用项目具备潜在军事应用前景，以《国防科学技术战略》《联合作战科学技术计划》《国防技术领域计划》及《基础研究计划》等为指导，评判项目是否满足军方需求，评审项目技术的先进性与需求的相关性，遴选优先资助的项目。

改进基础研究成果转化项目评价标准，科学开展转化项目遴选。美国等主要国家不断改进基础研究成果转化项目评价标准，更加强调用学术价值和军事应用潜力作为基础研究转化项目评价标准。美军充分吸纳政府预算管理办公室（OMB）对基础研究项目管理的经验，不再单纯使用学术论文、学术奖励等传统评价指标，而是使用研究成果的"质量、相关性及性能"作为基础研究项目评价标准，强调用科研成果的质量、技术指标高低和应用背景等遴选基础研究转化应用项目。近年来，美国等主要国家在对基础研究成果转化应用项目价值的评价过程中，更加重视对科技价值指标的评价，甚至超过了对军事需求指标的评价，这种做法充分考虑了基础研究成果在初始阶段还难以呈现全部军事应用潜力的特点，避免因过分强调军事用途，使可能极具军事潜力的研究成果失去技术突破的机遇，不利于军事能力和装备建设创新发展和未来的技术储备。

严格转化项目的过程管理，有效降低基础研究成果转化应用风险。美国等主要国家针对基础研究转化项目不定因素多、技术风险大等特点，加强转化项目的过程管理。通过跟踪评审、过程控制和分类验收等方式，尽可能确保转化项目的质量和效益，有效降低基础研究成果转化应用风险。美国政府预算办公室（GAO）对国防部各项目具有评审和问责的权力，相关单位必须对GAO提出的项目存在的风险和延迟给予回复，国会根据GAO报告情况评价项目后续预算是否批复。同时，美军科技主管部门根据不同的项目类别，建立相应的过程控制和验收机制。对于资助类基础研究转化项目，采取定期抽查方式，要求受资助课题组提供包括论文、实验和装置的研究进展报告；对于合作类项目，通过组织项目验收组听取汇报、检查督导等方式进行检查验收。对于验收不合格的项目将对课题组负责人亮黄牌，如果连续两年被亮牌，课题组负责人将被剥夺5年内申请项目的资格。

4. 采取多种方式培育扶持转化项目，建立灵活多样的培育资助机制，加快基础研究成果向国防领域转化的速度

完善的成果培育资助机制是确保基础研究成果成功转化的关键。美国等主要国家建立了灵活多样的培育资助机制，有效加快了具有军事应用潜力的基础研究成果向国防领域转化应用的速度。

优先扶持民口纯基础研究向国防基础研究转化，最大限度地利用技术机遇。美国等主要国家认为纯基础研究与国防基础研究存在差异，国防基础研究具有突出的军事导向性和服务军事技术储备的特点。为尽可能利用技术机遇和应对无法预料的技术威胁，美国等主要国家对于纯基础研究尤其是技术成熟度还不高的纯基础研究成果，首先将其转化为军方可以掌控的国防基础研究，形成支撑未来军事能力发展的超前技术储备。例如，DARPA、空军研究实验室（AFRL）和海军研究办公室（ONR）等都是美军专门负责国防基础研究的管理机构，其主要职能之一就是对高风险和高回报的超前基础研究进行发现和扶持，积极促进纯基础研究向军方导向的基础研究转化，以形成确保军事能力和武器装备"后天优势"的技术储备。

编制军方导向的基础研究成果转化科研条件资助计划，尽可能为基础研究转化提供条件保障。基础研究成果向国防领域转化应用，不仅需要科学家开展大量转化工作，而且需要提供相应的科研条件作为保障。美国等主要国家为解决基础研究成果向国防领域转化应用的条件和保障，编制了数量众多、类型多样的资助扶持计划。美军主要通过实施《多学科大学研究倡议》《科学与工程研究训练提高奖计划》《空军航空推进技术计划》等数十种计划，资助大学等基础研究机构在科学探索的基础上，开展军方应用为背景的导向性深化研究，扶持和培育民口基础研究成果向国防领域转化。例如，《多学科大学研究倡议》主要资助大学等基础研究机构在仿生学、致密能源、纳米技术等领域开展研究。《大学研究设备资助计划》资助大学用于购买 5 万美元以上的大型研究设备，建立基础研究成果向国防领域转化所需的实验条件。

在重要前沿领域建立军民合作机构，通过联合研发加快基础研究成果转化应用速度。美国等国家为实现对尖端技术领域的早期介入，确保面对潜在机遇时保持决定性优势，采取成立合作科研机构的形式，加强基础科研机构的创新能力，加快基础研究成果向国防领域转化应用，尤其在信息、纳米、材料、先进制造、能源等前沿科技领域表现更为突出。例如，英国国防部通过国防鉴定与研究局资助，与研究理事会、大学等地方科研机构联合建立了基础领域的研究中心，包括结构材料中心、系统与软件工程中心、信息处理与电讯革新中心、超级计算中心等，其中结构材料中心是欧洲最大的结构材料研究机构[①]。这种做法既充分利用了民口基础研究潜力，使军事科研有了坚强后盾，同时军方资助又大大提高了民用科研机构的科研能力，成为英国国防科技发展较快的主要原因之一。

5. 完善成果保护的法规体系，创新转化应用机制，确保基础研究成果持续向国防领域转化应用

完善的法规体系和创新的激励机制，是确保基础研究成果持续向国防领域

---

① 屈婷婷，刘书雷. 基础研究向国防领域转化应用机理分析[J]. 科学管理研究，2016，34（3）：24-27.

转化应用的重要举措。为充分调动科研人员参与基础研究成果转化应用的积极性，促进基础研究成果转化稳定、持续发展，美国等主要国家在知识产权保护机制、成果转化机制和激励评价机制等多方面进行了改革和创新。

加大知识产权保护力度，有效维护基础研究成果权益。美国等主要国家非常重视对基础研究成果保护的法规体系建设，保护了基础研究成果拥有者的权益，调动了基础研究成果拥有者转化应用的积极性[①]，促进了基础研究成果的转化应用。美国已建立起一整套完整的知识产权法律体系，包括《专利法》《版权法》《反不正当竞争法》等，为成果转化提供了法律法规体系。美国国防部还允许承包商保留其在国防部合同下开发或交付的知识产权的所有权，国防部得到的仅是该知识产权的许可。

创新基础研究成果的转化机制，加速基础研究成果向国防领域转化。美国等主要国家非常注重基础研究成果的转化机制创新（表 4-1），加速基础研究成果向国防科技的转化应用，并取得了较好成效。美国《史蒂文森-怀特勒技术创新法》明确要求拥有研究室（大多从事基础研究）的政府部门必须从其科研预算中拿出 0.5%作为技术转移经费，为基础研究成果转化提供物质保障。此外，美军参联会组织科技领域专家组成监督小组，从满足作战需求及实现研发目标角度出发，对基础研究成果进行审查，将经确认具有军事应用前景的项目安排进入先期技术发展阶段。

表 4-1 美国促进高校技术成果转化的相关法律

法案名称	颁布时间	主要内容与作用
《拜登法案》	1980 年	通过合理的制度安排，鼓励政府、科研机构、产业界三方合作，共同致力于政府资助研发成果的商业运用，该法案使私人部门享有联邦资助科研成果的专利权成为可能，从而产生了促进科技成果转化的强大动力
《Stevebson-Wydler 技术创新法》	1980 年	规定凡是年预算在 2000 万美元以上的联邦实验室，必须设立专门的研究与技术应用办公室，从事研究开发成果的推广转化，用于推广转化的经费不少于研发总预算的 0.5%；在商务部的国家技术信息服务中心设立联邦技术利用中心
《贝尔—多尔法案》	1980 年	规定大学、非营利机构和小企业在联邦政府经费资助下的发明，拥有权仍然归其自己，并给予政府拥有和运营的实验室（GOCO）排他性转让其专利技术的权力，允许国家实验室将联邦政府拥有的专利许可租赁给企业和学校
《小企业创新发展法》	1982 年	鼓励小企业技术创新，参与联邦实验室的项目研究，使企业成为促进联邦科研成果转化的主要力量之一

① 刘书雷，邓启文，吴集，郭继周. 新形势下推进基础研究成果"民为军用"问题研究[J]. 装备学院学报，2014，25（6）：43-48.

法案名称	颁布时间	主要内容与作用
国家合作研究法》	1984 年	允许企业之间进行合作研究开发和生产，以增强企业研究开发能力，消除了产业界合作研究的反托拉斯障碍
《联邦技术转移法》	1986 年	提出政府所有或维持运行的实验室可以同大学及企业建立 R&D 合作；实验室负责人有权与企业签订合作协议建立合资企业，推广实验室的技术；可以向有关人员发放奖金；来自技术转移的收入，技术发明人的个人所得不少于 15%
《12591 号总统令》	1987 年	确保联邦实验室和政府机构通过转让技术支持大学和私营企业；要求联邦政府机构和实验室的负责人识别和鼓励在联邦实验室、大学和企业之间积极充当信息管道的个人
《综合贸易与竞争法》	1988 年	鼓励美国设立了国家标准与技术研究院，通过组织研究机构与企业共同实施先进技术计划，设立区域制造技术转移中心来促进政府与企业的合作
《国家竞争性技术转移法》	1989 年	规定进行技术转移是每个联邦实验室的重要任务，允许联邦实验室与企业联合开发新技术并获得专利权。随后成立了国家技术转移中心，进一步促进联邦政府资助的科研成果向产业界转移
《技术优先法》	1991 年	要求：联邦实验室联盟在其提交国会和总统的年度报告中加入独立年度审计；将知识产权视为合作研究和开发协议的潜在贡献，并允许其参与其中，允许联邦实验室主任将多余的仪器捐赠给教育机构和非营利组织
《小企业技术转移法》	1992 年	要求国防部、能源部、卫生保健部、国家航空航天局、全国科学基金会制定为期三年的小企业技术转移计划，资助小企业、大学研究人员、联邦政府资助的研发中心以及非营利研发机构的合作研发项目
《国家技术转让与促进法》	1995 年	法案保证参与"合作研发协议"的公司可以获得充分的知识产权，以尽快促进研发成果商业化，保证厂商有权拥有"合作研发协议"的发明，并授权国家标准与技术研究院将美国科学基金会每年预算的 0.008%作为联邦实验室技术转让联盟的工作经费
《联邦技术转让商业化法》	1997 年	以联邦政府研发成果为规范客体，加强联邦政府及研究机构对推广转化的责任，去除制约推广转化的不合理障碍，通过加速联邦资助技术成果的推广转化
《技术转让商业化法》	2000 年	赋于联邦机构就拥有的发明进行专有或部分专有的许可权限

实施有效的激励评价机制，推动基础研究成果向国防领域转化应用的稳定性和连贯性。美国等主要国家对基础研究实施了有效的评价和激励机制，充分调动了科研人员参与基础研究的积极性，推动基础研究成果不断向国防领域转化应用[①]。一是针对不同类型的研究机构，采取多种方法和手段，调动各研究机构开展基础研究及其成果转化应用的积极性和主动性。如美国国防部对大中

---

① 刘书雷，邓启文，赵海洋，屈婷婷. 世界国防基础研究发展的基本特征及启示[J]. 装备学院学报，2017（1）.

型研究机构实施"费用补偿""税收减免"和共同投资等措施。对小型研究机构多采用直接投资方式。对院校采用投资倾斜和实施多种科研倡议，提供资金、设备等方面的扶持和帮助。二是非常重视对基础研究项目承担机构和负责人进行考评，对考评获得优秀的机构和个人，在今后的项目申请给予优先支持，从而使很多项目承担单位能够继续承接延续课题，既保持了科学研究的连贯性，又保持了科研队伍的稳定性。

4.3　经验启示

总的来看，主要军事强国基于自身国情和军情，在推动基础研究成果向国防领域转化应用的过程中，形成了很多特色经验，为我推进民口基础研究向国防领域的转化应用提供了有益启示，值得我们思考与借鉴。

1. 颁布法律法规和战略规划，为转化应用提供制度保障

在世界各国的科技发展过程中，政府最高决策部门普遍注重通过立法和制定发展战略等形式，从顶层的角度加强军民科技发展政策的统筹。美国国家顶层机构对科技的协调主要体现在白宫科技政策办公室制定科技计划和科技政策的过程，美国国会对科技计划和科技政策的审议过程，以及国家科技委员会对全国性科技计划实施的协调统筹过程。白宫科技政策办公室在总统科技顾问委员会和国家科学技术委员会的支持下，根据国家根本利益和发展目标，统筹考虑军民量方面的科技发展需求，制定出联邦各部门具体执行的科技政策指南[①]。对于军方、民用部门或者跨部门联合提交的科技计划，白宫科技政策办公室通过权衡协调，并与白宫行政管理与预算局会商，制定出军民统筹的联邦科技计划。俄罗斯联邦安全会议作为总统重要的决策机构，主要负责制定保障俄罗斯国家安全战略。组织制定联邦计划，并对涉及俄国家安全的经济、社会、防务、科技、生态等战略性问题进行研究。俄联邦安全会议下设有专门的科学委员会，负责组织涉及国家安全领域的基础研究，以及对影响国家战略发展的科技优先发展领域进行审议等。

2. 建立完善部门沟通协调机制，形成共同推动转化应用的合力

主要国家注重加强政府部门间的沟通协调，对军民科技发展进行统筹谋划，形成共同推进转化应用的合力。美国部门层次军民科技协调工作主要由"国防技术与工业基础委员会"总体负责，该委员会主要包括国防部长、能源部长、劳工部长等组成，主席由国防部长担任。该机构的主要任务是通过保证联邦各部进行有效的协调与合作，来提高国家科技工业基础满足国家安全目标的能力，实现国家安全目标的各类科技计划，不断改进对国家科技工业基础的采办政策。

---

① 刘书雷，韩琛，邓启文，沈雪石. 主要国家基础研究成果民转军主要做法及其对我国的启示[J]. 中国科技论坛，2012（10）：156-160.

俄罗斯科技计划实行"国家委托任务"管理机制，不论民用科技还是军用科技计划，均由政府的工业科技部掌控，并对优先及重点科技发展项目进行选择和调整[①]。俄工业科技部门根据各部门的职能分工，单独或与其他部门一起拟定出政府关于国家科技和创新政策的文件草案。法国通过加强国防装备部门与政府部门的综合协商来保证军民科技发展的协调，其国防科技发展计划是国防装备部门同研究与技术部、经济与财政部等部门之间综合形成的[①]。英国在科技管理中实现"统一渠道管理、分担责任执行"的做法。

3. 重视信息化交流平台和手段建设，吸收推动民口基础研究向国防领域的转化应用

美国国防部采取多种措施推动民口基础研究成果在国防领域的应用。一是设立专门需求网站，促成基础研究的合作创新机遇。美国国防部建立了专门网站来创造和捕捉各种国防基础研究创新机遇，一方面用来公布基础研究信息，一方面作为技术创新者毛遂自荐的平台。二是依靠相关的信息交流平台实现民口基础成果在国防领域的应用。国防部定期召开"关于新兴技术的国防科技研讨例会"，促进军方领导和科技、学术界就有军事应用潜力的技术进行对话和交流。美国海军每年举办一次"海军-工业研究与开发合作会"，让科技界进行产品和技术展示，为海军装备采办活动提供了有效的支持，促进了技术的转移、共享和应用。建立了"虚拟技术博览会"，为军方提供各种新出现技术的信息和知识。通过美国国家技术转移中心获取可用的成果。三是充分调动军内外基础研究力量开展国防基础研究的积极性。美国国防基础研究活动主要依据国防部"基础研究计划"指导实施，充分吸收高等院校、工业部门、私营企业、非营利机构及军方科研机构参与国防基础研究。

4. 制定重大工程时兼顾军事需求为民口基础研究成果向国防领域转化应用奠定基础

自美国的"曼哈顿"计划以来，世界各主要国家围绕自身国家发展目标和重大战略需求，不遗余力地组织重大科技项目和工程，以求进一步形成科技、经济等综合竞争优势。因此，世界各国在制订国家的科学技术规划时，都非常注重高新科技在军事上的应用，吸收国防部或军队有关机构参加，以在国家科技发展中兼顾军事需求或军事技术的发展。美国在战后为保持科技领先地位，规划并实施了多项重大高科技产业工程。"星球大战"计划实施时，就明确了要以这项国家军事战略工程作为动员全社会科技资源的"龙头"；在美国现行的网络与信息技术计划、纳米科学技术计划等重大计划中，国防部都投入大量资金、人员予以支持。航天技术具有很强的军民两用特性，世界各主要国家负责制订航天政策的主要机构中，国防部长都是不可缺少的人员。法国的航天委员会负

---

① 刘书雷，韩琰，邓启文，沈雪石. 主要国家基础研究成果民转军主要做法及其对我国的启示[J]. 中国科技论坛. 2012（10）：156-160.

责制定法国的航天政策，在18名委员中有7名政府官员，其中就包括法国的国防部长。近年来，为了便于军民两用，法国航天局对军用航天和民用航天进行统一管理。德国负责制定航天政策的内阁委员会中，国防部长也是其中一员。英国在发展国防科技的同时，注重军民科技成果的相互转化，走军民兼容的道路。英国将可用于国防领域的民用技术划归在基础科研领域，研究工作主要由高等教育机构来承担，基础科研的经费也主要由英国科学委员会和高等教育基金委员会承担。英国国防部在安排基础科研工作时，优先考虑利用这些国家科学基础，以避免重复建设造成的浪费。

5．在执行层建立协商机制为民口基础研究成果向国防领域转化应用提供交流沟通渠道

世界各国在军民科技发展统筹推进的过程中，注重在执行层次建立跨部门的协调机构，保证军民科技发展项目实施过程中的相互协调。美国通过各类跨部门的专门机构对各种科技计划进行协调。对于全国性的国家纳米计划（NNI），美国成立专门的"纳米技术专项委员会（NEST）"，在国家科技委员会的指导下，统筹协调参加该计划的各政府部门和研究机构的工作。这些政府部门包括国防部、能源部、国家航空航天局、农业部、环保局等，它们通过纳米技术专项委员会的统一协调和管理，从不同领域拓展纳米技术的研究和开发。俄罗斯的国防工业部门设有专门的科技协会，负责收集民用部门科研技术人员提出的与军工有关的科研方面的建议，在制定与军事有关的科研规划时，由军事工业委员会协调国家科学技术委员会与军工部门之间的关系，保证军民科技发展中的相互支持。英国国防部参加了涉及科研、技术、装备和工业许多部门间的小组或工作委员会，以及政府部际的首席科学顾问委员会，加强与政府其他部门基础性研究的交流与合作[①]。此外，英国国防部还和工程与物理科学研究委员会（EPSRC）、基本粒子物理与天文学研究委员会（PPARC）、医学研究委员会等基础研究机构建立正式的交流与合作机制。德国国防部通过加强与主管民用科研的联邦研究与技术部的合作与协调，促进工业界参与军民两用技术的开发。德国总装备部为避免国防技术基础研究和应用研究课题与民用技术的有关课题交叉重复的情况，经常与民用科研的管理部门协调，共同规划预研工作。同时，德国建立了统一的研究课题数据库，便于相关政府部门检索查找，简化了工作程序，也避免了出现重复研究的情形[①]。

---

① 刘书雷，韩琰，邓启文，沈雪石．主要国家基础研究成果民转军主要做法及其对我国的启示[J]．中国科技论坛，2012（10）：156-160．

第5章 我国民口基础研究向国防领域转化应用的发展历程及现状

新中国成立以来，受国家发展中心任务变化、科技发展重点调整以及基础研究发展水平的影响，我国民口基础研究发展及向国防领域的转化应用经历了不同的阶段。特别是近年来，我国民口基础研究迅猛发展，取得一大批重要创新成果，为促进经济社会发展、保障国家安全提供了有力支撑。加快民口基础研究成果向国防领域的转化应用，充分发挥国家投资效益，推动国防建设和武器装备发展在新的起点上实现跨越式发展，已引起军方科技管理部门、民口基础研究管理部门和广大基础研究科学家的广泛关注。民口基础研究成果向国防领域的转化应用已在探索中起步且取得一定成效，为国防科技发展和武器装备建设提供了重要支撑。但总体分析，受管理体制、运行机制等方面因素制约，我国民口基础研究向国防领域的转化应用尚存在认识重视不到位、组织管理不明、信息交流不畅、评价激励不够、转化培育不多等问题，影响了民口基础研究成国防领域转化应用的效果，需要结合我国国情、军情进一步研究探索。

5.1 我国民口基础研究向国防领域转化应用的历史实践

民口基础研究向国防领域的转化应用，不仅受民口基础研究发展水平和国防发展需求的影响，也受国家发展中心任务、国家科技发展体系、国防科技发展体系、军民融合的影响。建国以来，随着国际形势和国家安全战略环境的变化，国家发展中心任务、国家科技发展体系和国防科技发展体系经历了多次调整,民口基础研究发展及向国防领域的转化应用也大致经历了3个不同的阶段。第一阶段，即国防科技优先、以重大装备研制任务统领民口基础研究发展时期（1949—1977 年）。这一时期，国防建设处于国家建设的中心，国防科技处于国家科技发展的优先位置，国防科研实力优于民用科研实力，国防科技发展引领民口基础研究发展。第二阶段，即民用科技优先、民口基础研究向国防领域转化应用低水平徘徊时期（1977—1998 年）。这一时期，国家发展中心任务开始向发展经济转移，国防建设开始放缓，国家科技发展重点也开始向支撑经济发展的民用科技转移，但民口基础研究的整体实力仍比较薄弱，向国防领域转化应用的数量偏少、水平偏低。第三阶段，即军民融合发展、民口基础研究向国防领域转化应用不断取得进展时期（1998 年至今）。这一时期，党和国家持续推进经济建设与国防建设协调发展，民口科技快速发展，整体创新实力逐渐超越国防科技领域，民口基础研究的整体实力显著提升，向国防领域的转化应用不断取得进展。

1. 国防科技优先、以重大装备研制任务统领民口基础研究发展时期（1949—1977 年）

新中国成立到改革开放之前这一时期，我国面临比较严峻的安全形势，国防建设处于国家建设的中心位置，科技发展实施全国一盘棋的计划模式，国防科技处于科技发展的优先地位，初步建立了行政力量主导的基础研究资助体系，实行"以任务带学科"的基础研究发展模式[①]，民口基础研究人员直接参与解决装备研制过程中的基础理论问题是民口基础研究向国防领域转化应用的主要方式。

国家面临严峻的安全形势，国防建设成为国家建设与发展的中心任务。新中国成立初期，面对发展经济和维护国家安全的双重压力，以毛泽东同志为核心的第一代党中央领导集体审时度势，明确提出了经济建设和国防建设要统筹兼顾的思想。但这一时期，我国面临严峻的国际环境和外部安全威胁。西方国家采取经济封锁、政治孤立、军事包围等手段，企图把新中国扼杀在摇篮中。20 世纪 50 年代，美国出兵朝鲜半岛，把战火烧到了鸭绿江边，直接威胁我国国家安全。20 世纪 60 年代，中苏矛盾激化、苏联在我北方边境线上陈兵百万，美国在我国南边入侵越南。面对严峻的外部军事威胁，中央对国际形势的判断是"早打、大打、打核战争"。基于此判断，国防建设被放到了国家建设与发展的中心位置。

国防科技处于国家科技发展的优先位置，国防科技创新体系在国家创新体系中居主导地位。这一时期，为应对严峻的安全形势，快速提升军事能力，维护国家安全与发展权益，党中央将国防科技摆在国家科技发展的优先位置，以国防建设为重点，国家科技创新体系在极其薄弱的基础上发展到一定规模[②]。建国初期，我国科技基础十分薄弱，全国科技人员不超过 5 万人，其中专门从事科研工作的人员仅 600 余人，专门科学研究机构仅有 30 多个，科研设备严重缺乏，基础条件十分落后[③]。为快速满足武器装备建设的急需，国防科技创新体系在国家科技体系资源配置上占据了优先地位，国家在有限的条件下投入大量人力物力财力发展国防科技，国防科技需求大量进入国家科技发展规划。1952 年，中央批准了中央军委报送的国防建设五年计划（1953—1957 年），

① 安波，肖佑新，刘武，等.国防科技预先研究发展历程及其启示[J]. 中国科技论坛，2009（5）.
② 游光荣. 加快建设军民融合的国家创新体系[J]. 科学学与科学技术管理，2005（11）.
③ 中华人民共和国科学技术部.中国科技发展 60 年[M]. 北京：科学技术文献出版社，科学出版社，2009：9.

要求在 5 年内初步建立起国防工业，以保证部队平时武器装备的需要和保持必要的武器与弹药储备。1953 年我国开始制定第一个五年计划（简称"一五"计划）时，国防工业被列为"一五"计划建设的重点之一，决定集中力量，加快建设步伐。1956 年，我国制定了《1956—1967 科学技术远景规划纲要》（简称"十二年科学规划"）。根据"十二年科学规划"，由总参谋部和国防部航空工业委员会以及有关国防工业部门，共同制定了国防科技发展规划，并作为国家"十二年科学规划"的组成部分，统一下达执行。国防科技发展规划提出了国防科技发展蓝图，明确了发展方向，提出的原子能技术、喷气与火箭技术、半导体技术、电子计算机技术、自动控制技术五个主要任务，被列在国家"十二年科学规划"中十二项重点任务的前列，对国防科技及国防基础研究体系的建立起到了重要的推动作用[1]。为推动国防科技创新体系快速发展，成立了统一领导和筹划国防科技工作的国防科学技术委员会，组建了承担武器装备研制任务的科研院所、试验基地和培养国防科技人才所需要的高等院校，国防科技门类从无到有快速发展并基本齐全，在高能物理、化学物理、近地空间海洋科学等方面进行了不懈努力，取得了以"两弹一星"为标志的重要成果。

初步建立行政力量主导的基础研究发展格局，形成"以任务带学科"的基础研究发展模式。一是高度重视基础研究，积极推进基础研究发展。以毛泽东同志为核心的第一代中央领导集体高度重视基础研究，在新中国尚未成立时就考虑成立科学院。1949 年 6 月，中央决定筹建中国科学院；9 月，《中华人民共和国中央人民政府组织法》第 18 条中规定成立科学院；11 月 1 日，中国科学院开始在北京办公，在新中国成立仅一个月后正式成立。经过短短几年的建设，到 1955 年，中国科学院共有科研机构 44 个，职工 7978 人，其中科研人员 2977 人（中、高级研究人员 1024 人），分别比 1949 年建院初期增长 1 倍、14 倍和 9 倍[2]。1956 年，中央发出了"向科学进军"的伟大号召，制定了 12 年科学技术发展远景规划，提出了基础研究的发展方向和重点。这一时期，在极其艰苦的条件下，我国基础研究取得了以"两弹一星"关键科学问题、人工合成牛胰岛素、陆相成油理论、多复变函数论、哥德巴赫猜想等为代表的一批重大成果[3]。二是快速建立以行政力量主导全国科研力量的基础研究发展格局，体现出十分明显的行政化、计划化特征[4]。这一时期，我国基础研究发展具有很强的行政指令性特征，由政府实施高度的计划调节和集中管理，无论是基础研究目标的确定，还是资源的调配、人力的安排都是通过国家相关行政管理部门来实施。基础研究政策、项目安排和经费调拨主要由国家科学技术委员会、国家计委、

① 安波，肖佑新，刘武，等.国防科技预先研究发展历程及其启示[J]. 中国科技论坛，2009（5）.
② 中华人民共和国科学技术部. 中国科技发展 60 年[M]. 北京：科学技术文献出版社，科学出版社，2009：13.
③ 刘延东. 努力开创基础研究繁荣发展新局面[J]. 求是，2011（15）.
④ 王彦雨，程志波. 我国基础研究资助体系的历史沿革及演变路径律分析[J]. 科技进步与对策，2011（28）.

国家教育部及其他各部委组成的科研管理部门决定，行政色彩十分明显。从基础研究资助机构层面来看，政府是唯一的资助机构，也具有比较明显的行政色彩。这一时期基础研究主要资助机构包括：国家财政部及地方分支，国家科学技术委员会及地方分支，国家计划委员会及其地方分支，国家教育部及地方分支，以及其他部委等，都属于政府部门。其中，国家科学技术委员会是基础研究的最主要资助机构[②]。三是基础研究十分强调应用导向，"以任务带学科"是基础研究的主要发展模式。为快速满足国防、经济和社会发展对技术的迫切需求，这一时期，大部分基础研究具有比较明显的目标导向，针对某一个具体的科学任务，以科学任务带动基础研究发展。《1956—1967年科学技术发展规划纲要》中明确指出，科学研究应"以任务带学科"为总体原则，对能够满足经济与社会发展、效益明显的技术研究给予更多重视，主要开展具有明显应用目的的基础研究。在纲要中确定的12个重点科学，大都与国家经济及军事有着紧密的联系，有着很强的目的性。四是以重大武器装备研制任务为抓手，国防基础研究快速起步发展。20世纪50年代中期，中央做出了发展以"两弹"技术为主要内容的国防尖端技术的战略决策。在发展两弹的过程中，为快速攻克遇到的基础理论问题，调整和组建了新的国防工业部门，并成立了以周恩来总理为主任的中央专门委员会，采取一系列有力措施，统筹全国科技力量，组织有关部门和广大科技人员开展国防基础研究[①]。比如，为掌握设计、研制原子弹的关键技术，1960年春便开始组织技术力量研究基本理论、设计计算和实验验证等预先研究，不断探索研究原子弹的奥秘。在原子弹研制工作开始不久，又着手部署了氢弹的预先研究工作，开始进行热核材料性能和热核反应机理的研究，为以后迅速突破氢弹关键技术奠定了重要基础。在中程地地导弹的研制中，也是由于预先研究比较充分，采用的先进技术比较成熟，只用一年多的时间就取得首发试验成功。五是"科研三步棋"思想正式提出，基础研究在装备研制中的重要地位得到明确。新中国成立以来的国防科研工作实践，特别是"两弹"研制工作，为国防科技的发展积累了成功的经验，对国防基础研究重要性的认识提升到了新高度。1966年2月，聂荣臻元帅在提交给周恩来总理的报告中，在总结前期国防科研实践经验的基础上，正式提出了"科研三步棋"的思想，首次将基础研究放到了与技术开发并重的地位。"科研三步棋"是指在一定的计划时期内，研制工作同时安排三个层次的型号：一个是正在试验、试制的型号；一个是正在设计的新型号；一个是需要探索研究的更新的型号（包括基础研究）[①]。"科研三步棋"一方面强化研制工作的计划性和预见性，保持技术发展的势头和后劲，同时使不同层次的型号互相衔接，交替进行。聂荣臻元帅形象地说，"科研三步棋"就是"手上干一个，眼中看一个，脑子想一个"。对

---

① 安波，肖佑新，刘武，等. 国防科技预先研究发展历程及其启示[J]. 中国科技论坛，2009（5）.

同一型号而言，"科研三步棋"通过预研、研制、小批生产三个阶段的顺序渐进，以缩短周期，尽快装备部队。例如导弹核潜艇的研制就是在对核动力装置预先研究工作比较扎实的基础上开始初步设计并取得成功。"科研三步棋"明确了基础研究在型号研制中的重要地位，即基础研究是型号研制的先导，是型号研制中必不可少的阶段。

科技发展实施全国一盘棋的计划模式，人才转移是民口基础研究向国防领域转化应用的主要模式。这一时期，与计划经济发展模式相一致，科技发展实施全国一盘棋的计划模式，民口基础研究力量较弱、成果较少，民口基础研究向军事领域的转化应用主要通过人才转移的方式进行。一是民口科技人员调入武器装备研制队伍，直接参与相关技术和基础研究工作。如"两弹"研制过程中，在全国范围内组织选调了大批科技人员参与科技攻关。1960年1月，为落实中央关于自力更生突破两弹技术的重大决策，加速国防尖端科研工作，中央批准了中央军委报告，同意为国防部五院补充有实际工作经验的技术骨干100名，大学毕业生4000名，中等技术学校毕业生2000名。与此同时，中央还批准从全国各地区、各部门选调数百名高、中级科技骨干和工程技术人员参加原子弹的研制工作[①]。1961年7月，中央做出了《关于加强原子能工业建设若干问题的决定》，批准从全国各地抽调一批科技人员参加核工业建设。在此期间，国家还陆续为核武器研究所增调了数十名研究生、数百名大学毕业生和数千名工人，保证了国防尖端技术突破的需要。二是民口科研机构承担国防基础研究任务。1961年，国防科学技术委员会与中国科学院商定，分别组成两个协作小组，及时解决国防科技发展中出现的基础理论问题。一个是五院与科学院协作小组，由五院副院长王铮、钱学森，中国科学院副院长张劲夫、裴丽生和国家科学技术委员会副主任刘西尧组成；另一个小组是二机部与科学院协作小组，由二机部部长刘杰、副部长钱三强以及中国科学院的张劲夫、裴丽生，国家科学技术委员会的刘西尧组成。中国科学院为此动员了30多个研究所的大部分力量，承担了300多个国防科技项目的研究任务，大大增强了国防科技的攻坚力量，解决了许多国防科技基础理论问题，加快了相关武器装备发展进度。

2. 民用科技优先、转化应用低水平徘徊时期（1977—1998年）

从粉碎"四人帮"、召开十一届三中全会、召开1978年全国科学大会开始，国家建设的中心任务逐渐从国防建设向经济建设转移，民用科技逐步取代国防科技占据国家科技发展的优先地位，基础研究日益受到重视，基础研究计划开始独立单列。但由于民口基础研究发展时间短，综合能力弱，高水平成果少，且国防建设实施"忍耐"政策，新型武器装备发展缓慢，对国防科技及基础研究的需求较少，民口基础研究向国防领域的转化应用长期在低水平徘徊。

---

① 丁爱平，祁磊."两弹"自主创新的经验[J]. 中国军转民，2008（5）.

经济建设取代国防建设成为国家建设的中心任务。粉碎"四人帮"后，党中央对国际形势和时代主题作出了科学的分析，改变了世界大战不可避免的判断，指出和平与发展是当今世界的两大主题，而发展又是核心问题，国家应把中心任务转到经济建设。在此总体思想的指导下，我国国防和军队建设指导思想也进行了战略性转变，从临战状态转变到和平时期建设轨道上[①]，国防建设在国家建设中的中心地位逐步让位于经济建设，军事装备发展实行多研制、少生产策略，国防科技发展步伐开始放缓。

国家科技发展的重点开始向服务经济转移，民用科技逐步取代国防科技在国家科技发展中占据优先地位。一是全国科学大会的召开进一步确立了科技在经济社会发展和国家安全中的核心地位，为新时期科技发展指明了方向。1978 年 3 月 18 日，全国科技大会召开，邓小平同志提出"科学技术是生产力"的重要论断，指出"四个现代化的关键是科学技术现代化。没有现代科学技术，就不可能建设现代农业、现代工业、现代国防。没有科学技术的高速度发展，也就不可能有国民经济的高速度发展"，为我国新时期的科技工作发展指明了方向。1988 年 9 月，邓小平进一步提出"科学技术是第一生产力"，将科技的重要性提升到新高度。二是国防科技体制全面调整，国防科技在国家科技发展中的优先地位开始让位于民用科技，国防科技发展逐步放缓。"文化大革命"结束后，国防科技和国防工业开始全面调整与整顿工作。1977 年 12 月，国务院、中央军委颁布《关于加速我军武器装备现代化的决定》，要求加快新型武器装备研制工作的步伐，并提出了 1981 年至 1985 年我军武器装备发展规划，以及到20 世纪末的发展目标。国防科技工业按照军民结合的发展方针，开始了管理体制的转轨，国防科技战线也加快了恢复与改革工作。1982 年，国防科委、国防工业办公室、中央军委科学技术装备委员会办公室合并组成国防科学技术工业委员会（简称国防科工委），隶属中央军委建制，其工作受国务院、中央军委双重领导，是中央军委统管全军国防科学技术工作的领导机关，也是国务院统管所属各国防工业部门的领导机关[②]。同时，各国防工业部以"七五"国防科技发展计划和装备订货计划为基本依据，采取压缩规模、集中任务、调整布局、减少重复等措施，于 1978 年先后提出了生产能力调整方案，大体上保留了原来生产能力的 1/3，腾出来 2/3 左右的能力支援国民经济建设。此背景下，国防科技发展也开始进行调整，基本原则是调整科研方向和任务，压缩规模，减少重复，精干科研队伍，主要方向是加强预先研究和技术基础研究，增强新兴技术的创新能力。三是民口科技创新体系得到逐步恢复和发展，民口科技呈现加速发展态势。这一时期，"文化大革命"中受到破坏的民口科技管理和研究机构得

---

① 吴明曦. 中华民族振兴史上的光辉篇章——国防科技事业 50 年发展历程的回顾[J]. 国防，1999（8）.
② 怀国模. 难忘岁月——我的军工生涯（四）[J]. 中国军转民，2014（5）.

到恢复与整顿。1977年9月国家科委正式恢复，统筹决策、规划、管理全国科学技术工作。在"文化大革命"中被撤销和下放的中国科学院研究机构纷纷恢复和重新归属中国科学院，并根据需要成立了一批新的研究机构。到1978年底，中科院共收回、恢复、新建研究机构46个。此外，地方在"文化大革命"期间遭到严重破坏的科研机构也得到了重建，并创办了一批新的科研机构。四是制定了系列科技发展规划，确立了科技发展新方针。1977年底，国家科委召开全国自然科学规划会议，组织制定了《1978—1985年全国基础科学发展规划》；年底又召开全国科学技术规划会议，制定了《1978—1985年全国科学技术发展规划纲要》，提出了我国科学技术工作的8年奋斗目标，对27个领域和基础科学、技术科学两大门类的科学技术研究任务进行了安排，确定了108个重点研究项目。此后，又制定了《1986—2000年科学技术发展规划》，对27个行业和新兴领域15年发展规划的轮廓设想、12个领域的技术政策、15年科技发展规划纲要和"七五"科技发展计划进行了明确。这一时期虽然民口科技得到了高度重视，但由于历史欠账太多，从总体上来说国防科技的实力仍强于民用科技，科技的军转民是科技发展军民结合的主旋律。

民口基础研究和国防基础研究相继设立独立的发展计划，为基础研究的快速发展奠定了良好基础。一是基础研究重新受到重视。邓小平明确指出，基础研究是应用开发的先导，基础研究的水平决定着应用技术的水平，决定着经济发展的水平，关系着中国的长远利益。全国科学大会闭幕后，国家科委制定了《1978—1985年全国基础科学发展计划》，对基础研究工作做出全面部署。1989年召开全国基础研究和应用基础研究会议，会议明确提出，基础研究是我国科技发展战略部署的三个层次之一，必须坚持持续稳定发展的基本方针[1]。在国防领域，基础研究受重视程度逐步提升。这一时期，我国常规武器研制基本处于模仿状态，因有国外装备可供借鉴参考，再加上临战急需以及受"左"倾思想影响，往往急于立项上马新型号，而不太重视基础研究等前期开发研究，不少项目是在型号研制过程中遇到技术难题，再回过头来搞基础研究。这种不符合科研规律的做法，轻则使型号研制周期大大拖长，重则因关键技术"卡壳"使型号不得不下马。这一时期的后段，国防科技和武器装备发展存在的问题日益突出，引起管理部门的广泛关注，也使得国防基础研究重新受到关注，国防科技战线的很多领导和专家，从不同角度提出了加强国防基础研究的建议。1982年7月，国防科工委成立，首次正式提出国防科技预先研究的概念，这是国防基础研究与型号研制脱钩思想的萌芽。二是国家设立专门的基础研究基金。1982年，中央批准设立面向全国的自然科学基础研究基金"中国科学院科学基金"，采用国家财政拨款、自由申请、同行评议、择优支持、课题管理制的办法，

---

[1] 万钢. 中国科技改革开放30年[M]. 北京：科学出版社，2008.

资助基础研究和应用研究中的基础性工作，并明确规定要"面向全国"。1986年，在中国科学院科学基金的基础上，设立国家自然科学基金，下设数学、物理学、化学、生命科学、地球科学、材料和工程科学、信息科学等学部，专门支持自由探索基础研究。1992年，国家为了进一步推动基础研究的发展，开始实施国家基础研究重大关键项目计划——攀登计划（攀登计划实施至2000年结束），其目的是"增强我国学术界在世界主要基础学科、新兴学科和交叉学科领域的学术地位，争取在主要的学科领域跟上世界发展的步伐。"三是国防基础研究发展机制逐步完善。国防基础研究在军队科研计划中主要归入国防科技预先研究计划（1998年后改名为武器装备预先研究计划）。这一时期，特别是1985年后，国防科技预先研究在总结经验、提高认识、明确目标、组织队伍、简章立制等方面取得明显成效。首先，国防科技预先研究计划开始单列，为国防基础研究的开展奠定了物资基础。1985年国防科技体制改革调整，国防科技预先研究实行计划单列，确定了经费比例，实行单独拨款，保证了预先研究工作的顺利进行。国防基础研究首次有了专门的发展计划，而不再需要借助装备研制任务、装备型号项目发展。其次，国防科技预先研究的管理机构得到充实和加强，为国防基础研究的开展奠定了体制基础。在管理层面，国防科工委、各国防工业部都本着精简、高效的原则设立了管理预先研究的管理机构，做到既有一个归口的业务部门统一负责预先研究工作，又能调动有关业务部门抓自己业务范围内的预先研究项目的积极性。在管理咨询及战略咨询层面，组建重点预先研究项目的专业组，对重点国防基础研究领域的发展进行战略规划。1986年，国防科工委为了加强对跨行业、综合性预先研究项目的宏观管理，成立了以一线科技专家为主的精确制导技术、抗核加固技术、军用新材料应用研究等19个项目专业组。到1998年，专业组增加到29个。然后，国防科技预先管理的规章制度逐步建立，为国防基础研究的发展提供了制度保障。1986年，国防科工委在总结经验和借鉴国外先进管理技术的基础上，组织力量制定了《国防科学技术应用、基础研究暂行管理办法》，明确国防科技预先研究实行以行政部门为主体，充分发挥专家的作用，领导与专家相结合的集中统一领导和分层管理负责的管理体制；对先期开发类和大部分应用研究类项目，实行合同制管理模式；对应用基础研究类和少部分应用研究类项目，实行基金制管理模式。

民口基础研究向国防领域的转化应用进入低谷期。这一时期，由于国家建设的中心转移到了经济建设上，军队实施"忍耐"政策，军队建设大幅放缓，武器装备发展显著减速，对基础研究的需求相对减少；同时，民口基础研究处于大力发展的重新起步阶段，基础差，积累少，创新能力仍较弱，产生的高水平成果仍比较有限，尚不具备大量向国防领域转化的实力和条件。此外，这一时期经济快速发展，对科技的发展提出了迫切的需求，有限的民口科技力量和资源主要集中于经济发展急需的民用科技领域，对国防领域的需求考虑较少。

所以，从整体上来看，这一时期是民口基础研究向国防领域的转化应用进入低谷期，军民结合主要侧重于国防科研生产单位"找米下锅"式的"军转民"，民口有关部门和地方政府制定的国家科技经济发展计划对军事需求的关注相对较少，对基础研究成果向国防领域转化应用的关注也相对有限。

3. 军民融合发展、转化应用不断取得进展时期（1998 年至今）

以 1998 年国家科委更名为科技部，国家重点基础研究计划（973 计划）正式启动，以及军队主管科技和装备发展的原总装备部正式成立为起点，我国科技发展和军队建设进行新阶段，民口基础研究向军事领域转化应用进入军民融合发展、转化应用不断取得进展阶段。在经济领域，我国社会主义市场经济逐步建立并不断完善，"科教兴国"、创新驱动发展相继成为重大基本国策，国家自主创新能力稳步提升。在科技领域军民融合的国家创新体系建设稳步推进，民口科技快速发展，民口基础研究的整体实力显著提升，并通过多种渠道、以多种方式向国防领域转化。

科技兴国和创新驱动发展相继成为基本国策，国家科技发展进入新阶段。进入 21 世纪后，全球科技快速发展，经济发展进入科技创新主导时代，我国以前那种依靠资源和低劳动力成本优势的经济发展模式面临越来越大的挑战。在新的形势下，党和国家日益重视科技在经济社会发展中的引领作用，相继把科技兴国和创新驱动发展作为基本国策，为经济和科技发展提供了不竭动力。党的十五大报告提出将科技兴国战略作为我国现代化建设的重要方针，强调"把加速科技进步放到经济社会发展的关键地位，使经济建设真正转移到依靠科技进步和提高劳动者素质的轨道上来。"十六大后，党中央综合分析国内外发展大势，立足国情，提出增强自主创新能力、建设创新型国家的重大战略思想。2005年底，国务院发布《国家中长期科学和技术发展规划纲要（2006—2020）》，明确提出"自主创新，重点跨越，支撑发展，引领未来"的新时期科技工作指导方针，提出 2020 年我国科技发展目标。2006 年全国科学技术大会上，党中央做出了《关于实施科技规划纲要，增强自主创新能力的决定》，提出用 15 年时间把我国建设成为创新型国家的战略目标，强调要把增强自主创新能力作为发展科学技术的战略基点，走中国特色自主创新之路，推动科学技术的跨越式发展。2007 年 10 月，十七大报告把"自主创新能力显著提高，科技进步对经济增长的贡献率大幅上升，进入创新型国家行列"作为实现全面小康社会奋斗目标的新要求，把"提高自主创新能力，建设创新型国家"摆在促进国民经济又好又快发展的突出位置。十八大报告进一步强调实施创新驱动发展战略，指出"科技创新是提高社会生产力和综合国力的战略支撑，必须摆在国家发展全局的核心位置"，明确要坚持走中国特色自主创新道路，深化科技体制改革，推动科技和经济紧密结合，加快建设国家创新体系，抢占科技发展战略制高点。随着科技兴国、创新驱动发展战略的不断推进，科技投入不断增加，科技创新能力不断增强，我国科技创新进入新阶段。

　　基础研究在科技创新中的地位日益凸显，创新能力持续增强，为转化应用奠定了良好基础。一是基础研究日益受到重视。基础研究是科技发展的源头，随着创新驱动发展战略的实施，建设创新型国家的不断推进，基础研究受到越来越高的重视。2004年1月19日，胡锦涛同志看望著名科学家吴文俊时指出"基础研究是科技进步的先导，是自主创新的源泉。只有以深入的基础研究作后盾，才能不断提高原始创新能力，增强国家发展的后劲。"习近平同志反复强调要加强基础研究工作，明确指出"要重视加强基础研究，既要知其然，更要知其所以然，为武器装备可持续发展提供强大原动力"。在2013年11月视察国防科技大学时又指出"要继续抓好基础研究这项打基础、利长远的工作，为国防科技和武器装备持续发展增强后劲。我们不仅要大力加强应用研究，而且要高度重视基础研究。"二是基础研究力量建设进入新阶段。中国科学院和高等院校是我国基础研究力量的主体，是开展基础研究的主力军[①]。这一时期，中国科学院和高等院校的发展进入快车道，基础研究的力量稳步增强，创新能力稳步提升。1998年，中国科学院启动知识创新工程建设，目的是通过科学研究（包括基础研究和应用研究）获得新的自然科学和技术科学知识，为技术创新奠定基础，为新技术和新发明提供原始动力，为科技进步和经济增长提供革命性力量；目标是建设符合社会主义市场经济和科技发展规律的国家创新体系及知识创新系统，形成与国际接轨并具中国特色的高效运行机制和现代科研院所管理制度，提高我国知识创新能力和效率，培养和造就具有创新意识和创新能力的高素质科技人才，为我国创新能力的不断提高提供坚实基础和不竭源泉，为实现我国第三步战略目标和经济的可持续发展提供强大的知识支撑和科技战略储备，在若干重点学科领域取得一批国际公认的重大科技成果。2014年，中科院按照习近平总书记"四个率先"的要求，形成了《"率先行动"计划暨全面深化改革纲要》，启动组建创新研究院、卓越创新中心、大科学研究中心、特色研究所四类新型科研组织，试图打破研究所之间壁垒和院内院外栅栏、克服研究所"大而全""小而全"的现象、纠正科研工作同质化竞争、碎片化扩张等问题，探索建立适应国家创新驱动发展战略要求的现代科研院所治理体系。高等院校的科研创新能力建设持续推进。1998年5月4日，江泽民同志在庆祝北京大学建校100周年大会上宣告"为了实现现代化，我国要有若干所具有世界先进水平的一流大学。"为贯彻落实党中央科教兴国战略和江泽民同志的号召，1999年，国家决定实施重点支持部分高等学校创建世界一流大学和国际知名的高水平研究型大学的建设工程（简称"985工程"），建设任务主要包括机制创新、队伍建设、平台和基地建设和国际交流与合作等，为高等学校的教学和研究（主

---

① 赵志耘，杨朝峰. 主要国家基础研究管理体系比较研究[J]. 科技创新论坛，2010（3）.

要是基础研究）奠定基础。2012 年 5 月，"高等学校创新能力提升计划"正式启动。该项目以人才、学科、科研三位一体创新能力提升为核心任务，通过构建面向科学前沿、文化传承创新、行业产业以及区域发展重大需求的四类协同创新模式，深化高校的机制体制改革，转变高校创新方式，将显著提升高校的创新能力。三是计划体系不断完善，初步形成自由探索与目标导向相结合、一般与重点互补的基础研究体系。重点基础研究计划体系建设取得重要进步，基础研究体系日趋完善。2015 年前，我国的基础研究计划体系主要由自由探索为主的自然科学基金计划和目标导向的国家重点基础研究发展计划（973 计划）组成，兼顾基础研究人员的个人兴趣和国家需求，能够较好满足基础研究发展的需要。1997 年 6 月，国家科委向国家科委领导小组做了《关于加强我国重点基础研究及发展高技术产业的汇报》，提出要按照我国科技工作的总体目标，制定和实施"国家重点基础研究发展规划"。1998 年 12 月，经过一年多的准备，国家重点基础研究发展计划（973 计划）正式开始实施。"973 计划"瞄准具有明确国家目标、对国家发展和科学技术进步具有全局性和带动性的基础理论问题，旨在解决国家战略需求中的重大科学问题，以及对人类认识世界将会起到重要作用的科学前沿问题，提升我国基础研究自主创新能力，为国民经济和社会可持续发展提供科学基础，为未来高新技术的形成提供源头创新。此后，《国家中长期科学和技术发展规划纲要（2006—2020）》又提出了材料设计与制备的新原理与新方法、极端环境条件下制造的科学基础、航空航天重大力学问题、支撑信息技术发展的科学基础等面向国家重大战略需求的基础研究，以及蛋白质研究、量子调控、纳米研究、发育与生殖研究等 4 个重大科学研究计划，以推动相关重点基础研究领域的发展[①]。国防基础研究也初步形成了一般与重点互为补充的计划体系，国防基础研究进入全面发展阶段。这一时期，在继续保留已有的武器装备预先研究（总装备部成立前为国防科工委主管的国防科技预先研究）计划的基础上，总装备部先后设立了国家安全重大基础研究计划（军口 973），国防领域国家科技重大专项计划等重大国防基础研究计划，重点对一般国防基础研究计划不断拓展，包括总装备部管理的武器装备探索研究项目、武器装备预研计划、武器装备预研基金计划、国防基础科研计划，国防科工局管理的军工科研计划。2015 年 9 月，中共中央办公厅、国务院办公厅印发《深化科技体制改革实施方案》，对已有科技计划（专项、基金等）进行优化整合，按照国家自然科学基金、国家科技重大专项、国家重点研发计划、技术创新引导专项（基金）、基地和人才专项等五类科技计划重构国家科技计划布局，进一步完善支持基础研究的体制机制。在新的科技计划体系当中，有三个部分支持基础研究。一是自然科学基金的面上研究，主要支持科技工作者的自由探索基

---

① 中华人民共和国国务院. 国家中长期科学和技术发展规划纲要（2006—2020）[R]. 2006.

础研究。二是聚焦重大需求，重点研发计划对面向未来的量子通信、生命科学、干细胞、环境保护等方面开展的重点基础研究。三是在"全链条一体化"的设计中，重点研发计划支持经济、社会领域解决关键技术问题时统筹开展的基础研究。此外，在基地和人才专项中加强基础研究基地建设，包括国家重点实验室、国家工程中心，以及各行业当中建立在企业的重点实验室。

军民科技创新体系的融合更加紧密，民口基础研究向国防领域的转化应用开始加速。这一时期，在军民融合方针的指引下，我国民用科技与国防科技的融合更加紧密，初步形成全国优秀科技力量服务国防科技创新、民口基础研究快速向国防领域转化应用的良好格局。一是将国防领域的基础问题纳入国家科技发展规划，借助民口基础研究力量解决国防基础问题。军事装备部门和国防科技工业部门采取了一系列措施，把国防科技的基础和共性应用技术纳入国家科技发展总体规划。二是加强国防科技力量与民口基础研究力量的合作，共同解决国防基础问题。建立适合国防科研和军民两用科研活动特点的新机制，统筹部署和协调军民基础研究，加紧与中国科学院和高等院校的联合，加强军民高技术研究开发力量的集成；建立军民结合、军民共用的科技基础条件平台。三是国防科技领域向民口科技力量开放的力度不断加大，保障非军工科研企业事业单位平等承担国防科技研发工作。在武器装备研制中通过招标加大竞争力度，并注意由民口科技力量承担配套任务；建立军民有效互动的协作机制，实现军用产品与民用产品研制生产的协调。2014年，总装备部下发《关于引导优势民营企业参与武器装备科研生产和维修的措施意见》，重点围绕"政策法规、市场准入、公平竞争、信息互通、过程监督"等五个方面，筹划启动32项"民参军"任务措施，开通"全军武器装备采购信息网"，武器装备领域军民融合深度发展的"新常态"正在形成。

4. 经验启示

从20世纪50年代至60年代"重大装备研制任务统领基础研究发展"到80年代至90年代"转化应用低水平徘徊"，再到21世纪"军民融合背景下转化应用不断取得进展"时期，民口基础研究向国防领域转化应用经历了曲折的发展历程。回顾这段历程，总结成功的经验和失败的教训，对于在新时期加快推进民口基础研究向国防领域转化应用具有重要启示。

一是民口基础研究向国防领域转化应用受国家安全形势、国家发展重心、科技创新体系等因素的综合影响，要把转化应用融入经济与国防建设融合发展全局。回顾我国民口基础研究向国防领域转化应用的发展历程，可以发现虽然转化应用过程的直接参与者是民口基础研究力量和军队，但国家安全形势、国家发展重心、科技创新体系才是影响转化应用的深层次和决定性因素。建国初期，我国面临严峻的安全威胁，国家发展的重心是快速提升军事实力，维护国家安全。这一时期，民口基础研究虽然力量还比较薄弱，创新能力还不够强，经济发展也对基础研究提出了迫切的需求，但为了有效满足应对安全威胁的迫切需要，国家将有限的基础研究力量与资源大量投入国防领域，从比例来看，民口基础研究向国防领域的转化应用达到了较高水平。改革开放初期，国家安全形势好转，国防建设放缓，国家发展重心转向经济，经济建设对科技发展提出了更高的需求，民口基础研究主要瞄准满足经济发展的需求，比例上，民口基础研究向国防领域的转化应用不断下滑。

二是基础研究成果水平和数量是转化应用的前提，要把不断提升民口基础研究创新能力作为推进其向国防领域转化应用的重点。基础研究成果是转化应用的源头，基础研究创新实力的强弱对其向国防领域的转化应用具有直接的影响。比如建国初期，我国科技发展实施的高度集中的计划模式，国家统一管理民口和军口科技的发展，民口基础研究向国防领域转化的途径十分顺畅。但由于民口基础研究实力薄弱，可供转化应用的成果少，转化应用的总量一直处于较低的水平，有限的转化应用主要集中在"两弹一星"等重点国防领域。进入21世纪，民口基础研究实力快速提升，即使相对于建国初期军民科技体系之间更加独立，但由于民口基础研究的创新成果的基数大，民口基础研究向国防领域转化应用的绝对数量显著增加。

三是军事需求是推进转化应用的有效牵引，要不断加强军事需求梳理与凝练。军事需求对基础研究提出明确要求，为民口基础研究力量指明努力方向，激发民口基础研究人员的积极性，推进民口基础研究向国防领域转化应用。20世纪50年代至60年代，国家大力推进"两弹一星"等国防重点项目，对相关基础研究提出了迫切的需求，有效牵引了相关民口基础研究的发展，并快速向国防领域转化应用。改革开放初期，为将有限的资源集中于经济发展，国防建设实施忍耐政策，武器装备建设，特别是新型武器装备的研发大幅放缓，国防领域对基础研究的需求显著减少，民口基础研究向国防领域的转化应用相应减少。进入21世纪，我军武器装备发展模式从跟踪模仿向自主创新转变，对基础研究提出了更高的需求，牵引民口基础研究向国防领域聚焦，民口基础研究向国防领域转化应用稳步回升。

四是顶层统筹协调是推进转化应用的有效途径，要不断完善军民统筹的政策制度。民口基础研究领域和国防科技领域的管理相对独立，顶层统筹协调是整合两者力量，推进前者向后者转化应用的有效途径。比如，在"两弹一星"的研制过程中，中央统筹协调民口基础研究力量和国防科技力量，一方面直接从全国各地区、各部门选调数百名高、中级科技骨干和工程技术人员参加原子弹的研制工作，另一方面协调国防科学技术委员会与中国科学院成立两个协调小组解决研究过程中出现的基础理论问题，有效地推进了研究工作的顺利开展。进入21世纪，在中央提出的富国与强军相统一、军民融合发展方针的指引下，国家加强了对民用科技和国防科技发展的统筹协调，如将国防领域的基础问题纳入国家科技发展规划，加强军民科技力量合作，加大国防科技领域向民口科技力量的开放程度等，有力地推进了民口基础研究向国防领域的转化应用。

5.2　我国民口基础研究向国防领域转化应用现状

近年来，随着我军装备发展逐步由跟踪模仿向自主创新转变，国防和军队建设对基础研究的需求日益迫切；同时，随着民口基础研究的快速发展，民口基础研究创新能力快速提升，已经成为支撑国防和军队建设的重要矿藏。推动民口基础研究向国防领域的转化应用已引起党中央、中央军委的高度关注。在军民双方的共同努力下，我国民口基础研究向国防领域的转化应用工作取得了一定成效，军民双方已初步探索建立了一定的沟通交流渠道，逐步形成了促进基础研究成果向国防领域转化应用的环境和氛围，相关基础研究成果已通过多种方式在国防科技领域得到转化应用，基础研究成果向国防科技的转化应用呈现出良好态势。

1. 武器装备建设进入自主创新阶段，对基础研究的需求日益迫切

近年来，我军武器装备建设显著加速，发展模式正逐步从跟踪模仿向自主创新转变，切实解决制约武器装备发展的瓶颈技术问题、实现武器装备的自主跨越式发展、把握新科技革命重大历史机遇抢占未来竞争战略制高点，对基础研究提出了迫切需求。

一是解决现阶段高新技术装备发展的瓶颈问题对基础研究提出了迫切需求。经过长期努力，我军已初步形成了功能比较完整、要素比较齐全、结构比较合理，具有中国特色的武器装备体系，新型高技术装备的研究探索也正在不断推进。但航空动力、核心元器件、关键原材料、先进制造技术等制约武器装备发展的瓶颈技术问题仍然存在，对我军武器装备自主创新发展形成了严重制约。在装备发展上，我们还没有完全摆脱跟踪追随式的发展模式。一些工程项目，由于前期基础研究工作不够，技术储备不足，造成发展后劲不足。一些高新装备研制中出现技术状态不稳定、研制时间不断延长、研制成本显著增加等现象，技术储备不足，关键技术没有真正掌握，技术成熟度不高是主要原因，但根本问题是相关基础性问题没有研究透。要从根本上解决现阶段我军高新技术装备发展的瓶颈技术问题，为高新技术装备发展奠定坚实基础，必须从技术发展本源出发，切实加强基础研究，追根溯源、求深求实，吃透原理机理，把基础理论问题理清抓住，把本质规律摸清搞懂。

二是实现武器装备的自主跨越发展对基础研究提出了迫切需求。武器装备的自主跨越发展必须以技术的自主创新为前提。基础研究是技术自主创新的源泉，没有扎实的基础研究作支撑，技术自主创新只能是一句空话，武器装备的自主跨越发展也不可能实现。美国之所以一直是国防技术和武器装备自主创新发展的领跑者，基础研究优势是其持续领跑的重要资本。20世纪50年代，美国成立DARPA加强基础研究向国防领域转化应用，对武器装备和国防科技的跨越发展起到非常重要的作用。经过多年努力，我军武器装备建设取得了令人瞩目的伟大成就，为实现中华民族伟大复兴"中国梦""强军梦"提供了重要物质技术基础。但要清醒的看到，我军装备发展长期处于跟踪追随式发展模式，虽然在一定程度上规避了技术风险，较好地发挥了后发优势，但随着与军事强国装备差距的逐步缩小，可供借鉴的国外现成装备、技术途径越来越少，自主创新将成为我军武器装备的主要发展模式，影响下一代装备自主发展、跨越发展的基础研究储备不足问题将日益突出。推进国防科技和武器装备建设由"跟跑者"逐步向"并行者""领跑者"转变，满足实现"能打仗、打胜仗"目标要求，就必须紧跟世界新军事革命加速发展的潮流，顺应新科技革命迅猛发展的大势，大力加强基础研究，不断提高自主创新能力，为推进国防科技和武器装备的自主跨越发展奠定厚实基础。

三是把握新科技革命重大历史机遇对基础研究提出了迫切需求。从历史上看，几乎每一次军事革命都与科技革命紧密相连，相伴相生。人类历史上已经发生和正在发生的重大军事革命都是在科技革命的基础上孕育和发展的。以火药、机械制造为标志的科技革命，推动了冷兵器战争向热兵器战争的变革；以蒸汽机、内燃机、电力、电讯为主要标志的科技革命，直接催生了热兵器战争向机械化战争的变革；以电子计算、信息网络的出现为标志的科技革命，推动了机械化战争向信息化战争的变革。当今世界处在新科技革命的前夜，纳米、生物、认知、量子等科技领域孕育重大突破，科学技术发展呈现出多点、群发突破的态势，有可能催生新一轮科技革命，推动第三次产业革命在世界范围迅速兴起[1]，将对社会、政治、经济、科技以及军事领域产生深远影响。随着科技的发展，在脑科学与认知、量子信息、高超、激光等前沿领域，一些重要的基础研究问题发生革命性突破的先兆已经显现，一大批战略性前沿技术正在探索孕育中，将催生武器装备的转型换代，成为未来军事领域竞争的战略制高点。美军历来高度重视抓抢科技革命的发展机遇，通过开展具有前瞻性、战略性和创新性的基础研究、探索性研究，抢占武器装备发展和军事革命的先机。雷达、电子计算机、原子弹、无人系统、隐身技术、全球定位系统等20世纪最重要的武器装备，都是美国长期坚持基础研究的成果。近年来，美军始终走在世界国防科技和装备发展的前沿，积极推进高超声速助推滑翔飞行器（HTV-2）、空间轨道试验飞行器（X-37）、高超声速临近空间飞行器（SR-72）等一系列高新技术项目的发展，提出"一小时全球到达""天对地精确打击"等多个新型作战概念，以抢占新一轮科技革命和军事革命发展先机。面对世界新科技革命、新军

① Jeremy Rifkin. The Third Industrial Revolution: How Lateral Power Is Transforming Energy, the Economy, and the World[M]. Palgrave macmillan, New York, USA, 2011.

事革命加速发展态势，必须在加强基础研究、增强创新能力上下功夫，超前部署能引领装备自主创新发展的重大基础性前沿性问题研究。

四是发展颠覆性技术，抢占未来军事竞争战略制高点对基础研究提出了迫切要求。颠覆性技术是指能够替代已有技术的新原理、新机理和新概念技术，其应用将导致武器装备实现作战效能的指数级提升，形成新的非对称作战能力，产生新的作战样式甚至改变战争面貌。积极推动国防和军事领域颠覆性技术的发展，是我国实现高新技术装备的跨越式发展，在武器装备整体技术水平落后对手情况下实现战略制衡的有效途径。从颠覆性技术的发展历史来看，绝大多数颠覆性技术源于物理、化学、数学、信息、材料、生物等基础研究的原始性创新，基础研究领域是颠覆性技术的最大来源地。美、英等国的经验表明，无论是针对特定军事需求开展攻关获得颠覆性技术，还是通过转化重大科技突破获得颠覆性技术，都必须夯实基础研究这个根基。例如，第二次世界大战时期英国能够成功将雷达技术应用于英吉利海峡防空作战，与麦克斯韦尔方程等电磁理论的突破不可分割；20世纪60年代美国DARPA、海军研究办公室等对原子光谱学研究的持续资助，造就了激光技术的产生和应用。近年来，在保持军事优势和摆脱经济低迷的双重推动下，美国持续加大基础研究和交叉学科研究投入，围绕原始创新最活跃的领域，在基础研究和交叉学科领域培育重大创新，为刺激经济发展和保持军事优势提供动力。根据相关资料统计，美国国防部基础研究投入每年约为17亿美元（2009财年），分布于生命、物理、环境、数学/信息/网络/计算、工程、心理学/社会学等基础和交叉领域，主要由国防部DARPA、各军兵种研究实验室等机构进行资助管理。当前，世界科技正处于重大变革的酝酿时期，颠覆性技术即将迎来爆发期。积极开展基础研究，推动国防和军事领域颠覆性技术的发展，对于我军抢占未来装备发展先机和军事竞争战略制高点具有十分重要的意义。

2. 民口基础研究创新能力显著提升、成果不断涌现，为向国防领域转化应用提供了前提条件

20世纪90年代初以来，我国实施"稳定地加强基础研究"的发展战略，已形成比较完善的基础研究计划体系，面向国家和军队战略需求，围绕经济和社会发展，以及综合交叉与重要科学前沿等领域的重大关键问题部署了 大批项目，取得了一批在国际学术界产生重要影响的原始性创新成果，显著提升了我国基础研究的创新能力和服务国家需求的能力，促进经济社会发展和保障国家战略安全的支撑引领作用更加凸显，基础研究成果已成为支撑我国国防科技和武器装备可持续发展的重要"矿藏"，客观上为向国防科技的转化应用奠定了坚实基础。

一是基础研究计划体系不断完善。近年来，基础研究计划体系不断调整，形成了自由探索与目标导向相结合的资助体系，为基础研究的快速发展奠定了坚实的基础。其中，自由探索的基础研究主要由自然科学基金支持，目标导向的基础研究计划体系正在调整变革，2015 年前主要由国家重点基础研究发展计划（973 计划）和重大科学研究计划支持，2016 年起调整为国家科技重大专项、国家重点研发计划中的基础研究部分支持。

（1）自然科学基金"项目"和"人才"两大资助体系日趋完善，主渠道作用更加凸显。

自然科学基金是我国支持自由探索基础研究的主要渠道，近年来在"支持基础研究，坚持自由探索，发挥导向作用"战略定位的指导下，遵循"尊重科学，发扬民主，提倡竞争，促进合作，激励创新，引领未来"的新时期工作方针，坚持"依靠专家，发扬民主，择优支持，公正合理"的评审原则，在基础研究领域取得了丰硕的成果，培养了大批创新人才，自然科学基金支持基础研究的主渠道作用更加凸显，为繁荣基础研究，推进自主创新，建设创新型国家做出了积极贡献。

自然科学基金资助格局目前基本可分为"项目"和"人才"两大资助体系。项目资助体系以面上项目、重点项目和重大项目为主，构成自然科学基金项目资助的三个层次，同时根据需要设有若干专项类项目和国际合作与交流项目。人才资助体系包含青年科学基金、国家杰出青年科学基金、海外和香港/澳门青年学者合作研究基金、创新研究群体科学基金和国家基础科学人才培养基金，其中青年科学基金也是面上项目的组成部分（图 5-1）。

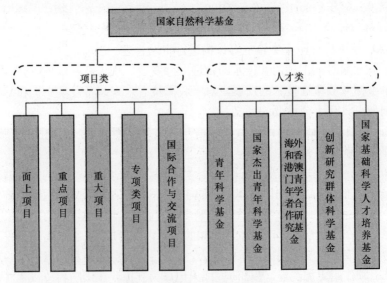

图 5-1　国家自然科学基金体系

面上项目包括自由申请项目、青年科学基金项目、地区科学基金项目三个亚类，是自然科学基金最主要和最基本的项目类型，主要资助以自由探索为主的科学研究工作。重点项目主要用于支持研究人员结合国家需求，把握世界科学前沿，在一些重要研究领域和新学科生长点开展关键科学问题研究；特别支持研究人员在科学前沿和对学科发展具有重要推动作用的领域做研究，在对经济和社会可持续发展有重要应用前景和意义、能够充分发挥我国资源或自然条件特色的领域做研究。重大项目主要瞄准国家目标，把握世界科学前沿，根据国家经济、社会、科技发展的需要，重点选择具有战略意义的重大科学问题，组织学科交叉研究和多学科综合研究，进一步提升源头创新能力。专项类项目是为满足基础研究的相关需求、根据某些特定的目的和意义而设立的。联合基金项目为了发挥自然科学基金的优势，吸引社会科技资源支持基础研究，与国内有关部门或机构共同提供研究经费设立联合基金，支持相关领域的基础研究工作。国家杰出青年科学基金资助国内及尚在境外即将回国工作的优秀青年学者，在国内进行自然科学基础研究，其目的是促进青年科学和技术人才的成长，鼓励海外学者回国工作，加速培养造就一批进入世界科技前沿的优秀学术带头人。海外青年学者合作研究基金主要是为吸引和鼓励海外优秀青年学者每年在国内进行一定期限的基础研究。香港、澳门青年学者合作研究基金是为吸引和鼓励香港、澳门优秀青年学者每年在内地进行一定期限的基础研究。创新研究群体科学基金是为稳定地支持基础科学的前沿研究，培养和造就具有创新能力的人才和群体。国家基础科学人才培养基金主要用于支持国家理科基础科学人才培养基地（以下简称基地）的建设，包括：基地教学设备与教学软件、实验仪器与材料、实习设备以及图书资料的购置；基地教学改革研究和教师培训工作；基地高年级本科生的科学研究能力培训，等等。

（2）目标导向的重点基础研究计划聚焦国家重大战略需求，着力解决制约经济社会可持续发展的重大科学问题。

目标导向的重点基础研究计划重点研究对国家发展和科学技术进步具有全局性和带动性的重大科学问题，以及对人类认识世界将会起到重要作用的科学前沿问题，其目的是提升我国基础研究自主创新能力，为国民经济和社会可持续发展提供科学基础，为未来高新技术的形成提供源头创新。在 2015 年前，国家重点基础研究发展计划（973 计划）是目标导向的重点基础研究计划的主体。973 计划以解决制约国民经济和社会发展的重大、深层次问题和科学前沿问题为主线，以重大项目的组织为纽带，将国家重大战略需求与科学家的首创精神有机结合起来，集成为我国各部门、各行业、各学科领域的优势科技力量开展创新研究。在 2015 年底开始实施的国家科技布局中，国家重点研发计划、国家科技重大专项承担目标导向的重大基础研究任务。国家重点研发计划由国家重点基础研究发展计划（973 计划）、国家高技术发展计划（863 计划）、国家科技支撑计划、国际科技合作与交流专项，发改委、工信部管理的产业技术研究与开发资金，以及有关部门管理的公益性行业科研专项等已有科技计划整合而成，主要针对事关国计民生的农业、能源资源、生态环境、健康等领域中需要长期演进的重大社会公益性研究，以及事关产业核心竞争力、整体自主创新能力和国家安全的战略性、基础性、前瞻性重大科学问题、重大共性关键技术和产品、重大国际科技合作等。其提出是适应当前从"科学"到"技术"到"市场"演进周期大为缩短、各研发阶段边界模糊，技术更新和成果转化更加快捷的新技术革命和产业革命的特征，将现有科技计划按不同研发阶段设置和部署的做法，改为从基础前沿、重大共性关键技术、系统集成到应用推广进行全链条设计，一体化组织实施。国家科技重大专项聚焦国家重大战略产品和重大产业化目标，发挥举国体制的优势，在设定时限内进行集成式协同攻关，解决"卡脖子"问题，并对相关科学问题和共性基础技术进行重点突破。

二是科技基础条件平台和条件建设成效显著。近年来，我国高度重视基础研究的创新平台和条件建设，不断完善创新平台和条件建设体系，增加建设投入，国家重点实验室、国家重大科技基础设施和大科学工程等基础研究创新平台和条件稳步发展，条件不断改善，为我国基础研究的快速发展奠定了良好物质基础。国家重点实验室建设初具规模。国家重点实验室建设于 1984 年，主要支持针对学科发展前沿和国民经济、社会发展及国家安全的重要科技领域和方向，开展创新性研究。国家重点实验室从定位上大致可以分为三类：第一类以基础研究为主，开展科学前沿探索，承担科研项目以自然科学基金和原 973 计划为主，成果主要产出形式为高水平论文及专著；第二类以应用基础研究为主，针对国民经济和社会发展中的关键科学技术问题开展基础研究，承担科研项目以原 863 计划、国防预研为主，涉及医学、农业、材料、信息，以及地学和化学领域；第三类以工程科学基础研究为主，根据工程科学的特殊属性及其较强应用或行业背景，此类实验室面向国民经济建设主战场，直接承担或解决国家重大工程或重大项目中的研究任务及相关科学技术关键问题[①]。经过 30 多年的发展，至 2016 年初，已建成 317 个国家重点实验室，形成了由国家重点实验室、试点国家实验室、企业国家重点实验室、军民共建国家重点实验室、港澳地区国家重点实验室伙伴实验室、省部共建国家重点实验室培育基地等类型组成的国家重点实验室体系，基本覆盖了主要大部分学科方向和国家经济社会发展的主要领域。国家重大科技基础设施建设稳步推进。国家重大科技基础设施建设于"十一五"时期启动，其目的是为探索未知世界、发现自然规律、实现技术变革的研究提供作为极限研究手段的大型复杂科学研究系统。截至 2012 年，我国在建和运行设施总量达到 32 项，为科学前沿探索和国家重大科技任务开展提供了重要支撑，推动我国粒子物理、核物理、生命科学等领域部分前沿方向的科研水平进入国际先进行列。2013 年，我国颁布《国家重大科技基础设施建设中长期规划（2012—2030 年）》，提出在未来 20 年，瞄准科技前沿研究和国家

---

① 陈磊，高博. 中国基础研究十年回眸—基地篇[N]. 科技日报，2011-5-23.

重大战略需求，根据重大科技基础设施发展的国际趋势和国内基础，以能源、生命、地球系统与环境、材料、粒子物理和核物理、空间和天文、工程技术等7个科学领域为重点，从预研、新建、推进和提升4个层面逐步完善重大科技基础设施体系。规划颁布将为我国基础研究条件建设提供长期的发展指导，提升建设的科学性。新的科技体制将持续加大对条件建设的投入。在2015年颁布的《深化科技体制改革实施方案》，专门设置了基地和人才专项。

三是投入快速增长，投入结构进一步优化。随着基础研究重要性在更大范围内被认识，基础研究的投入也大幅增加，为基础研究发展提供了根本保障。国家自然科学基金、国家重点基础研究发展计划（973计划）等经费快速增长，稳定支持的力度不断提高[①]。国家基础研究总经费由2001年的56.6亿增长为2015年的670.6亿，年均增长率19.3%（图5-2）。2001年到2014年，国家自然科学基金经费投入由16亿增长到194.03亿，年均增长率21.15%，2010年和2011年增长率分别达到61.28%和35.42%（图5-3）。2001年到2012年，973计划经费投入由6亿增长到40亿，年均增长率18.82%（图5-4）。除总经费快速增长外，基础研究的人均研究经费也在快速增加（图5-5），由2001年的7.06万元增长为2013年的22.26万元，年均增长10.04%。此外，通过国家重点实验室建设计划、教育部"211工程"和"985工程"等条件建设计划对基础研究条件建设进行投入，以及自然科学基金的青年科学基金、国家杰出青年科学基金、海外和香港/澳门青年学者合作研究基金、创新研究群体科学基金和国家基础科学人才培养基金等人才资助计划对基础研究人才队伍进行投入，初步形成了项目、条件、人才三位一体的投入体系，基础研究投入结构得到进一步优化。

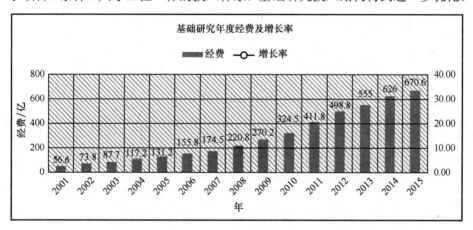

图5-2　2001—2015年基础研究经费及增长情况[②]

① 刘书雷，邓启文，吴集，郭继周. 新形势下推进基础研究成果"民为军用"问题研究[J]. 装备学院学报，2014（12）.
② 数据来源：根据2001—2015年《全国科技经费投入统计公报》整理。

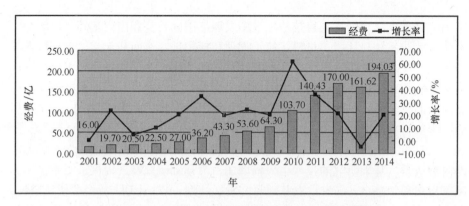

图 5-3　2001—2014 年自然科学基金经费及增长情况①

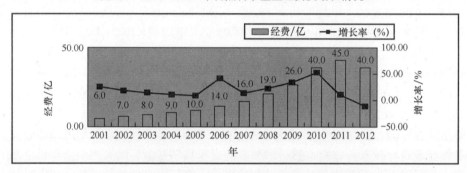

图 5-4　2001—2012 年 973 计划经费及增长情况②

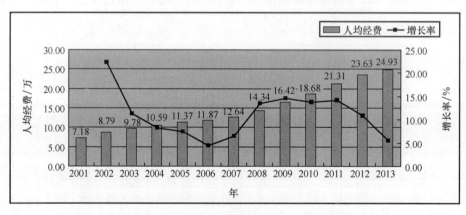

图 5-5　2001—2013 年基础研究人员人均研究经费③

　　四是人才培养体系不断完善，人才队伍不断壮大。新时期，党中央、国务院提出实施"人才强国战略"，2010 颁布的《国家中长期人才发展规划纲要

---

① 数据来源：根据自然科学基金委员会 2001—2014 年《年度报告》整理。
② 数据来源：根据 2004—2012 年《国家科技计划年度报告》整理。
③ 数据来源：根据 2004—2014 年《国家科技计划年度报告》整理。

（2010—2020年）》，把科技人才作为其中的重点内容。有关部门和地方采取了多种行之有效的措施，完善基础研究人才培养体系，初步形成规模适度、结构优化的基础研究人才队伍。

（1）初步建成比较完善的人才培养体系。

新时期，我国相继启动了海外高层次人才引进计划、教育部高层次创造性人才计划等新的人才培养计划，完善了自然科学基金人才资助体系、中国科学院引进和培养优秀人才计划等人才培养体系，初步建立比较完善的人才培养体系，为基础研究人才培养创造了良好条件。

海外高层次人才引进计划（简称"千人计划"）是我国于2008年启动实施的一项人才建设工程，计划用5年至10年，重点引进一批能够突破关键技术、发展高新产业、带动新兴学科的战略科学家和科技领军人才。截至2010年初，"千人计划"共引进各类高水平人才825人。

教育部高层次创造性人才计划于2004年启动，主要目的是推进高校的基础研究人才队伍建设。该计划主要包括三个部分[①]，一是长江学者和创新团队发展计划，主要着眼于吸引、遴选和造就一批具有国际领先水平的学科带头人，形成一批优秀创新团队；长江学者奖励计划旨在延揽学界精英、造就学术大师、带动学科建设、赶超国际水平，自1998年启动实施到2013年，共遴选和资助了2389名长江学者，其中特聘教授1702名、讲座教授687名。二是21世纪优秀人才支持计划，着眼于培养、支持一大批学术基础扎实、具有突出的创新能力和发展潜力的优秀学术带头人。三是青年骨干教师培养计划，主要着眼于培养数以万计的青年骨干教师，带动教师队伍整体素质的提升。

自然科学基金人才资助体系是自然科学基金资助体系的重要组成部分，主要包括国家杰出青年科学基金、青年科学基金、地区科学基金、创新研究群体、海外和港澳学者合作研究基金、外国青年学者研究基金等，培养和凝聚了一大批科技创新人才，为自主创新蓄积了丰富的人才资源[①]。青年科学基金的定位是稳定青年科研队伍，培育后继人才，扶持独立科研，激励创新思维，不断增强青年人才勇于创新的能力。国家杰出青年科学基金着眼于造就拔尖人才，延揽海外人才，发挥示范作用，推动学科发展。重点资助国内及尚在境外即将回国工作的45周岁以下的优秀青年学者在中国内地从事自然科学基础研究。创新研究群体科学基金的定位是坚持科学目标引导，增强协作创新，发挥团队力量，冲击国际前沿。创新研究群体科学基金资助国内以优秀科学家为学术带头人、中青年科学家为骨干的研究群体，围绕某一重要研究方向在国内进行基础研究。地区科学基金主要是为了加强对部分边远地区、少数民族地区的支持，稳定、吸引和培养这些地区的科技人才，扶植和凝聚地区优秀人才，为区域协调发展

---

① 操秀英，陈磊. 中国基础研究十年回眸——基地篇[N]. 科技日报，2011-5-23.

和国家创新体系建设服务。外国青年学者研究基金，旨在吸引外国优秀青年学者到我国内地开展基础研究。

中国科学院引进和培养优秀人才计划（简称"百人计划"）是中科院于 1994 年启动的一项人才计划，主要目的是加强对海内外优秀青年人才的吸引，培养学术带头人。1998 年正式推出"引进国外杰出人才计划"，每年引进 100 名左右海外优秀人才，给予 200 万的人才专项经费支持。2001 年增设"海外知名学者"计划。截至 2014 年 6 月，中科院通过"百人计划"已从海外吸引了 2212 名优秀人才。其中，500 多位入选者获得"国家杰出青年科学基金"支持。

（2）初步建成规模适度、结构优化的基础研究人才队伍。

新时期，通过国家科技计划和海外高层次人才引进计划、长江学者、百人计划等专项人才计划的支持，我国已形成了一支规模适度、分布合理、结构优化、创新能力较强的基础研究队伍。我国 R&D 人员中从事基础研究的人员数量稳步增加。2013 年，我国基础研究人员折合全时当量为 22.26 万人年，占全部 R&D 人员的 6.3%，是 2000 年 7.96 万人年的 2.79 倍，一直保持较快的增长率（图 5-6）。然而，基础研究人员增长的幅度略低于 R&D 人员增长的幅度，基础研究人员占 R&D 人员的比例有所降低。基础研究队伍结构不断优化，初步形成老中青结合的基础研究人才梯队，中青年科研人员成为我国基础研究的重要力量，我国基础研究队伍的发展进入良性循环阶段。"973 计划"研究队伍中 45 岁以下的占 75%，一批优秀的中青年人才成为各领域的学术带头人，45 岁以下的项目首席科学家占 45%，课题负责人占 63%。2010 年自然科学基金面上项目负责人中，45 岁以下的中青年学者约占 61%（图 5-7）。

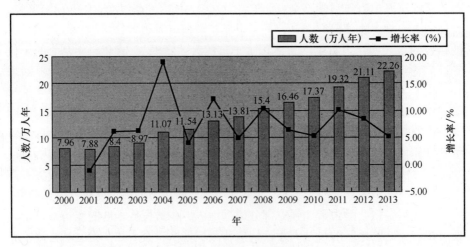

图 5-6 2001—2013 年我国基础研究人数及增长情况

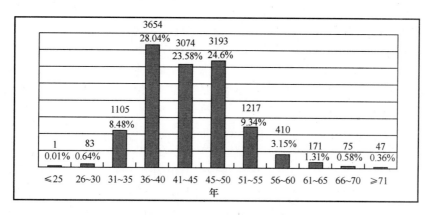

图 5-7　2010 年自然科学基金面上项目负责人年龄分布

五是创新成果不断涌现。新时期，在广大基础研究人员的共同努力下，我国基础研究创新能力显著提升，取得一批重要研究成果，发表一批高质量学术论文。2015 年 12 月的自然指数（Nature Index）显示，按照加权分数式计算，我国的高质量科研产出在 2012 至 2014 年间增长了 37%，对世界高质量科研的总体贡献率居全球第二位，仅次于美国。

取得了一批具有国际影响力的重要成果。近年来，我国在信息科学、材料、力学等基础研究领域取得重要突破，为向装备技术转化奠定了坚实基础。信息科学领域取得重大突破，在量子信息方面已居世界前列，在高性能计算、信息存储、集成微机电系统等方面取得一批原始创新成果。我国科学家首次提出同轴腔双电子注回旋管原理，研制成功千瓦级峰值功率、0.22THz 回旋管原型器件，有望为解决 ITER 计划需要的连续波兆瓦级太赫兹辐射源做出重要贡献。在量子通信理论领域连续产出国际领先的成果，为未来远程量子保密通信奠定了基础。2008 年，我国科学家利用冷原子量子存储技术，在国际上首次实现了远距离量子通信急需的"量子中继器"向未来广域量子通信网络的最终实现迈出了坚实的一步。该成果被欧洲物理学会评选为 2008 年度物理学领域的重大研究进展。2014 年，中国科技大学、中科院上海微系统与信息技术研究所、清华大学合作，采用高速独立激光干涉技术，结合高效率、低噪声超导纳米线单光子探测器，将可以抵御黑客攻击的远程量子秘钥分发系统的安全距离扩展至 200 千米，并将成码率提高了 3 个数量级，创下新的世界纪录[①]，为实现安全通信迈出了一大步。若干重要材料领域研究居国际前沿，取得若干标志性成果。我国科学家提出利用纳米尺度共格界面强化材料的材料强化新原理及途径，主要研究成果发表在"Science"和"Nature"上，在国内外产生了重要影响；在铁基超导新材料探索和机理研究上取得突破，相关研究工作选入 2008 年

① 中国科学院. 2015 科学发展报告[M]. 北京：科学出版社，2015：382.

"Science"杂志的十大科技进展。在国际上首次实现亚纳米分辨的单分子光学拉曼成像，突破光学成像衍射极限，将具有化学识别能力的空间成像分辨率从数个纳米提高到前所未有的 0.5nm；在力学领域的非线性动力学、固体力学、流体力学等方面的研究取得重要进展，某些领域达到国际领先水平。2015 年，潘建伟团队的多自由度量子隐形传输位列国际物理学十大年度突破之首。王贻芳研究员荣获基础物理学突破奖。量子反常霍尔效应、铁基高温超导、中微子振荡、CiPS 干细胞等成果提升了我国科学研究的国际影响力。

国际科学论文产出快速增长，数量与引用的世界排名不断提升。2003 至 2013 年 8 月，我国科技论文被 SCI 数据库收录总量已居世界第二，被引用数居世界第五。2013 年，我国 SCI 论文数量从 2009 年的 12.5 万篇增长为 21.9 万篇，占世界总量比重由 11.1%增长到 16.2%，年均增长率达到 15.1%[①]。论文的被引用次数基本上反映该论文受同行关注的程度，一定程度上代表了其学术影响力。近年来，我国论文的引用频次稳步提升。从 2004 至 2008 年到 2009 至 2013 年的两个五年时间段，我国 SCI 论文的总引用次数、篇均引用次数、所占比重、世界排名分别从 1348894 次、3.19 次、5.5%、第 7 位增长为 3796914 次、4.54 次、10.9%、第 3 位，各项指标都显著提升。经过多年的跟踪积累到酝酿突破，我国基础研究的整体研究实力和学术水平显著增强，已进入从量的扩张向质的提高的重要跃升期[②]。

3. 民口基础研究向国防领域转化应用的环境持续改善，为保障和促进转化应用奠定了坚实基础

军民结合、寓军于民的武器装备科研生产体系的建立和完善，国家促进科技成果转化的政策法规体系的不断完善，思维敏捷、创新意识强的专家队伍不断涌现，营造了有利于基础研究成果向国防转化应用的良好环境和氛围。

一是军民融合国家战略确立，为民口基础研究向国防领域的转化应用提供了顶层牵引。党的十八大强调指出，要坚持走中国特色军民融合式发展路子，坚持富国和强军相统一。十八届三中全会通过的《中共中央关于全面深化改革若干重大问题的决定》明确作出了"深化科技体制改革""推动军民融合深度发展"的改革部署。2014 年 9 月，习主席在中央政治局集体学习时进一步指出，要坚定不移走军民融合式创新之路，在更广范围、更高层次、更深程度上把军事创新体系纳入国家创新体系之中，实现两个体系互相兼容同步发展。2015 年 3 月 12 日，习主席在出席十二届全国人大三次会议解放军代表团全体会议时指出，把军民融合发展上升为国家战略，是我们长期探索经济建设和国防建设发展协调发展规律的重大成果，是从国家安全和发展战略全局出发做出的重大决

---

① 中国科学院. 2015 科学发展报告[M]. 北京：科学出版社，2015.
② 刘延东. 努力开创基础研究繁荣发展新局面[J]. 求是，2011（15）.

策。军民双方贯彻落实党中央重大决策部署，不断加强军民科技创新发展的信息互通、资源共享、良性互动、融合发展，整体提升国家科技自主创新能力，推动国防与经济建设协调发展。在思想认识上，军地双方树立一盘棋思想，站在党和国家事业发展全局的高度思考问题、推动工作，做到责任到位、措施到位、落实到位。在发展战略上，确立了军民融合的科技创新战略，将国防科技创新体系建设融入国家科技创新体系建设战略全局之中，军队与国家科技创新的统筹和协调进一步增强。在科技创新上，实现军民科技创新之间的相互协调、优势互补、良性互动，推动高新技术在国防领域、民用领域的双向流动和高效利用，实现军民科技创新资源的合理配置和有效利用，军民科技双向顺畅转移，军民两用科技统筹发展，提高国防科技和武器装备发展的创新能力。在科技力量上，能够利用和整合军民科技力量，在重大科技工程等领域的双向交流和联合攻关，加快了军队高层次人才的培养和成长。军民融合科技创新体系的建立，为基础研究成果向国防领域转化应用提供了重要的平台基础。

二是军民融合的法规政策不断完善，为民口基础研究向国防领域转化应用创造良好制度环境。"军民融合"一词首次在法律条文中出现，军民融合成为国家法律。2015 年 10 月实施的新版《中法人民共和国促进科技成果转化法》，新增"国家建立有效的军民科技成果相互转化体系，完善国防科技协同创新体制机制"和"国务院和地方各级人民政府应当加强科技、财政、投资、税收、人才、产业、金融、政府采购、军民融合等政策协同，为科技成果转化创造良好环境"条文，"军民融合"首次在法律条文中出现。国务院出台的系列促进科技创新政策中多次提到"军民融合"。2015 年 9 月中办和国办印发的《深化科技体制改革实施方案》将"军民科技融合深度发展"列为主要目标之一；《关于在部分区域系统推进全面创新改革试验的总体方案》提出"强化创新政策与相关政策的统筹协调，促进军民融合发展"。军队相关部门颁布多个规定，引导和鼓励优势民营企业参与军品研制生产。仅 2015 年一年就实施了扩充武器装备授权认证机构数量、打破封闭垄断措施办法等 11 项政策措施。如总装备部颁布《中国人民解放军装备承制单位资格审查管理规定》《装备采购合同履行监督工作管理暂行规定》，引导优势民企参军。总装备部和国防科工局联合发布新版《武器装备科研生产许可目录》，较之 2005 年版本许可目录，条目总体减少 2/3，进一步推动军工开放。随着国防和军队改革，现有的组织管理体系会有所调整，但优化审查程序、促进良性竞争的趋势不变。国家相关部门也出台系列文件，推进军民融合深化发展。2015 年，工信部出台《促进军民融合式发展的指导意见》，提出到 2020 年军民结合高科技产业规模不断提升；制定《军民融合深度发展 2015 专项行动方案》，并首次被列入工信部"6+1"专项行动计划。国防科工局印发《2015 年国防科工局军民融合专项行动方案》，明确提出将研究制定国防科技工业促进成果转化的指导意见，2016 年专项行动计划将伴随军民融合"十三五"规划推出。

三是基础研究发展与转化应用的体系不断完善，为基础研究及向国防领域的转化应用提供了良好的制度环境。进入21世纪，特别是党的十八大后，党和国家制定了一系列规章制度，进一步规范基础研究的发展及转化应用，基础研究的发展与转化的政策环境不断完善。首先，在基础研究发展方面，国家在整个科技体制改革的过程中不断强化基础研究的发展。2014年12月，国务院公布《关于深化中央财政科技计划（专项、基金等）管理改革的方案》将原来分散在约40个部门的近百项竞争性科技计划优化整合为国家自然科学基金、国家科技重大专项、国家重点研发计划、技术创新引导专项（基金）和基地与人才专项等五大类。2015年3月颁布的《中共中央国务院关于深化体制机制改革加快实施创新驱动发展战略的若干意见》中，提出要优化对基础研究的支持方式。切实加大对基础研究的财政投入，完善稳定支持和竞争性支持相协调的机制，加大稳定支持力度，支持研究机构自主布局科研项目，扩大高等学校、科研院所学术自主权和个人科研选题选择权；改革基础研究领域科研计划管理方式，尊重科学规律，建立包容和支持"非共识"创新项目的制度。其次，在基础研究转化应用方面，国家先后制定了一系列的政策法规，将科技成果转化纳入法制化轨道，促进科技与经济社会和军事相结合，加速科技成果向现实生产力和战斗力的转化。2008年对《中华人民共和国科学技术进步法》进行修订，2008年国务院发布了《国家知识产权战略纲要》。这些法规完善了以成果转化法为核心，保障和促进科技成果转化的法律体系，有效地推动了成果转化法的贯彻实施，为新时期科技事业发展和社会科技进步奠定了重要的法治基础。2014年，出台《关于开展深化中央级事业单位科技成果使用、处置和收益管理改革试点的通知》，将科研成果的使用、处置和收益权"三权"完全下放，是资产管理理念的重大突破，将极大激发科技工作做推进成果转化应用的积极性。2015年10月，修正后的《促进科技成果转化法》颁布实施，在下放成果处置收益权、强化对人的激励、完善考核评价体系、加强技术交易服务、促进成果信息公开等方面实现重大突破，将进一步促进科技成果转化。根据修正案草案新的法案，科技成果转让处置权归承担单位所有，无须审批；参与这个科研成果完成和成果转化的团队和个人，可以获得成果净收入的50%以上，各个地区还有不同的、更高的比例规定。转化收益全部留归本单位，奖励金额上不封顶，下有保障。

四是专家队伍和创新团队不断发展壮大，为基础研究向国防领域的转化应用奠定了坚实的人才基础。人才在基础研究向国防领域转化应用过程中具有决定性作用。从事基础研究的专家和创新团队思维敏捷，创新意识强，也非常愿意将自己的研究成果进行转化，应用到国防科技发展和武器装备建设中。这些专家和创新团队在研究攻关过程中，通过文献资料、国内外情况的梳理，能够了解研究项目的大概军事应用前景，对基础研究成果的创新性和可转化性有较好的理解和把握。特别是近年来，随着我国各种重大科技工程、重大科技计划相继展开，培养造就了众多科技领军人才和创新团队，据国家自然科学基金委不完全统计，80%的基金项目承担者同时参与军口预研项目，为实现基础研究成果向国防领域转化应用提供了人才储备。随着高素质、具有较强创新能力的专家队伍不断发展壮大，将为基础研究成果向国防领域转化应用提供重要的人才支撑。

4. 民口基础研究管理部门与军方的沟通交流渠道初步建立，为民口基础研究向国防领域的转化应用架起了桥梁

军队国防科技和装备发展职能部门深入贯彻落实军民融合创新体系建设重大战略思想，高度重视民口基础研究成果向国防领域的转化应用问题，大力倡导民口基础研究转化模式和机制办法的研究探索，积极推动军方相关职能部门与民口基础管理部门的互动交流，以求充分挖掘和利用民口基础研究成果、资源，为推动国防科技和武器装备在新的起点上可持续发展奠定坚实的科学基础。

一是军方与民口基础研究管理部门间的沟通交流不断加强。军队国防科技和武器装备发展职能部门已与国家科技部、自然科学基金委等民口基础研究管理部门建立了一定的交流渠道，通过积极主动的沟通和交流，一方面向民口科技管理部门介绍军方基础研究的具体需求，推动军方需求在国家层面基础研究计划中进行体现和落实，引导民口基础研究项目安排向国防领域倾斜，牵引项目申请单位围绕军方需求开展研究。另一方面能够以一定的方式全面了解民口基础研究最新成果，通过对这些成果进行挖掘和评估，期望发挥民口基础研究的溢出效应，推动有重大军事应用潜力的民口基础研究成果向国防领域转移，加快基础研究成果向国防领域转化应用。

二是民口基础研究管理部门对军口需求的关注逐渐增强。科技部、国家自然科学基金委作为国家科技发展的主要管理部门，具有服务于国家战略安全利益的共识和意愿，开始主动关注国防科技领域对基础研究的需求。通过军口科技管理部门与科技部、国家自然科学基金委的积极主动交流沟通，民口基础研究管理部门依据本身工作职能在关注对经济社会发展、国家安全等具有重要支撑作用的基础研究问题的同时，已在超常材料、隐身材料、目标识别、信息安全、软件无线电、大规模互联网软件的安全性可靠性等国防相关基础科学问题方面资助了大量项目，这些项目在国防领域具有重要应用价值。同时，国家自然科学基金委围绕国防领域对基础研究的需求，逐步加大了对国防需求牵引出的基础科学问题的资助，包括空气动力学、先进推进等领域，加强了对理论分析、数值模拟等有潜在军口需求背景的项目支持，对军口需求的关注度和支持率也在逐渐增强。

三是民口基础研究向国防领域转化应用的渠道已见雏形。军方与民口基础研究管理部门围绕服务国家战略安全利益的重大需求，在推动基础研究向国防领域转化应用方面已达成一些共识，初步形成了一定的转化渠道。首先，军方主导的基础研究成果转化渠道建设稳步推进。总装备部相关业务部门积极探索和推动民口基础研究成果转化渠道建设，通过将凝炼出的影响当前和未来国防科技发展的重大科学问题逐步融入到国家基础研究规划计划中、做好国家基础研究项目与军队科技计划的有效对接等工作，大力发挥军方主导作用，推进国家基础研究成果向国防领域转化应用。其次，专家层面的基础研究交流和转化活动逐渐踊跃。军口专家与民口专家的学术联系日益广泛，学术交流和项目合作日渐普遍。通过军民双方专家层面的沟通交流，一方面军口专家能够敏锐发现具有重大军事应用前景的民口基础研究成果，通过积极向军方科技管理相关职能部门建议，推动民口基础研究成果向国防领域的转化。另一方面，一些民口专家具有服务于国防的崇高理想，也非常愿意通过各种形式将研究成果进行转化，通过军口专家对军事需求的介绍或牵线搭桥，进而主动推动基础研究成果向国防领域转化应用。第三，基础研究成果转化交流研讨机制逐步形成。建立了一定范围内的专家交流研讨机制，围绕经济社会发展、民生、国家安全等方面的重大科技问题进行交流研讨，促进了基础研究成果向应用的转化，提高基础研究的投入效益。如基金委围绕海洋科学相关问题举办了双清论坛，组织国防科技大学、29 基地等单位召开战略研讨会，对与国防相关的基础研究问题进行交流和研讨。

5. 民口基础研究向国防领域转化应用的方式日益多样，有力推动了国防科技和武器装备的创新发展

随着我国经济建设和国防建设对基础研究的需求不断增强，基础研究成果已开始自发地向应用研究转化，基础研究向国防领域转化应用已初步形成"项目对接""成果转移""人才转移"等多种方式，为国防科技发展和武器装备建设提供了重要支撑。

一是民口基础研究与国防科技项目安排实现对接，以"项目对接"的方式为国防高技术研究提供重要支撑。国家自然科学基金委针对经济社会发展、民生、国家安全等国家重大战略需求，瞄准基础性、战略性和前瞻性的科学问题，实施重大研究计划，促进了我国高技术相关基础科学问题的研究。军队科技部门，围绕当前和未来国防科技发展的重大战略需求，实施军口"863"计划以及武器装备预研计划等，推动了我国国防高技术又好又快发展。军民双方在一些具有重大军事应用前景的领域不约而同地都先后作了重点资助，客观上实现了从民口基础研究到军口应用研究的"项目对接"，促进民口基础研究向国防领域的转化应用。如 2002 年，国家自然科学基金委实施的重大研究计划"空天飞行器的若干重大基础问题"，批准经费 4000 万元，执行期为 5 年。2005 年追加经费 1500 万元。共资助面上项目 89 项，重点项目 6 项。2007 年实施的重大研究计划"近空间飞行器的关键基础科学研究问题",预算总经费为 1.5 亿,预计执行期为 8 年,自 2007 年启动以来,在近空间飞行环境下的空气动力学、先进的推进理论和方法、轻质、耐高温材料/结构与热响应预测及热防护、高超声速飞行器智能自主控制理论和方法 4 个核心科学问题上,共资助"重点支持项目"21 项、"培育项目"93 项和"集成项目"3 项。这些项目都是空天领域中的前沿和热点问题,也是世界主要国家国防建设关注的重点,有较强的理论意义和工程应用的针对性。上述两项民口基础研究重大研究计划已经取得多项具有创新意义的阶段性成果,对军口相关空天装备发展、关键技术攻关和工程研制项目的开展产生了重要支撑、推动和引领作用,实现了民口基础研究项目和军口科研计划项目的有效对接。

二是民口基础研究成果直接应用于武器装备研制,以"成果转移"的方式为国防关键技术攻克提供重要支撑。基础研究成果通常表现为新概念、新思想、新方法,其表现形式为学术论文和学术专著。通过既熟悉相关基础研究领域又了解军事需求的专家,对基础研究成果从技术上是否具有创新性、经济上是否可承受、军事上是否具有应用前景等方面进行评估,进而以"成果转移"的方式实现基础研究成果向国防领域的转化应用,为攻克国防关键技术提供重要支撑。近年来,民口基础研究不断取得重大突破,大量民口基础研究成果直接应用于武器装备研制。如在某型装备研制过程中,军方通过采用中科院科学家关于空气动力学的研究成果,成功解决了武器发射的技术难题,为该装备的研制和应用提供了重要支撑。再如,华南理工大学发光材料与器件国家重点实验室拥有先进、系统的材料制备与表征等大型实验设备,具备新型掺杂玻璃与玻璃光纤研究及新波段、可调谐、超短脉冲以及超窄线宽玻璃光纤激光器设计研制能力。2010 年底,华南理工大学依托相关基础研究成果研制出某型号单频光纤激光光源产品,军方以此为种子光源,开展了大功率相干合成系统研究,成功研制出我国首台综合性能达国际先进水平的光纤激光相干合成系统。

三是民口基础研究人员直接承担国防领域研究任务,以"人才转移"的方式为武器装备研制提供了重要支撑。虽然基础研究成果表现形式为学术论文和学术专著,但基础研究成果的科学知识体系不是一种易于扩散的信息,如果没有相应的背景知识和技能资源,应用研究团队很难理解和利用由基础研究团队所产生的成果,尤其是包含隐性知识的基础研究成果。实践表明,通过"人才转移"的方式对包含有大量隐性知识的基础研究成果进行转化,即基础研究团队继续开展相关应用研究,是推动基础研究成果有效转化的重要方式。近年来,随着国防领域科研工作向民口开放的力度不断加大,越来越多的民口基础研究人员以前期基础研究成果为基础,承担国防科技研究任务,参与国防和军队建设,以"人才转移"的方式实现了民口基础研究向国防领域的转化应用。如西北工业大学凝固技术国家重点实验室研究团队在国家自然科学基金、"973 计划"等基础研究计划的支持下持续开展金属 3D 打印技术基础研究，攻克了系列制约金属 3D 打印技术发展的关键理论问题，形成了激光立体成形、激光选区熔化成形、激光 3D 打印成形修复等核心技术体系。在此基础上，基于对军方需求的理解和把握，该团队通过承担军队科技项目，推动了相关基础研究成果向装备保障、装备维修等国防领域的转化应用。

5.3 我国民口基础研究向国防领域转化应用
面临的问题和挑战

虽然我国基础研究向国防领域的转化应用已取得了一定的成效，但在转化应用的组织管理、信息交流、转化培育、评价激励等方面仍然存在一系列亟待解决的现实问题，民口基础研究向国防领域的转化效率不高，不能适应民口基础研究快速发展的形势，也无法满足国防科技发展和武器装备建设对基础研究的迫切需求。

1. 民口基础研究原始创新能力有待进一步提升，转化应用的基础不牢

经过多年努力，我国基础研究的整体实力和学术水平显著增强。但客观地看，基础研究仍是当前我国科技工作的薄弱环节，基础研究的整体创新能力和研究水平与发达国家相比仍存在较大差距，基础研究的起点还不够高，高水平的原始创新成果不多，能够有效支撑我军武器装备创新发展的研究成果相对有限，影响了民口基础研究向国防领域的转化应用。

一是基础研究原始创新能力有待进一步提高。跟踪性的基础研究方向和成果占多数，具有自主知识产权的创新成果比例偏低，具有国际影响力的重大原创成果较少，特别是重大原始性、占领战略制高点的成果匮乏、个别具有长远发展潜力和重大军事应用前景的领域仍未取得突破。即使是进入先进行列的学科和领域，开创新的学科和研究方向的能力仍然比较薄弱。自主创新能力仍然不强，跟踪性的基础研究方向和成果占多数，具有自主知识产权的创新成果比例偏低；重大原始性、占领战略制高点的成果匮乏、个别具有长远发展潜力和重大军事应用前景的领域尚有空白。论文是基础研究成果的主要表现形式，论文引用情况基本反映基础研究的水平。回顾近几年我国论文发表和引用情况，引用排名一直低于数量排名，反映出研究的创新性仍不是很强。2013 年，我国科技论文被 SCI 数据库收录总量排名世界第二，被引用数只居世界第四。在反应论文质量的篇均引用次数方面，我国仅为 7.57 次，与世界平均水平的 11.05 次还有相当大的差距，与美国、英国、德国、日本等发达国家差距更大。

二是高水平基础研究队伍建设亟待进一步加强。引领当代科学潮流的大师级人物和世界级科学家不多，获得国际权威科学奖的人很少，仅 1 人凭借 20 世纪 70 年代的研究成果获得诺贝尔化学奖，在国际学术组织和学术刊物中任职的中国人近年来虽有增加，但总数仍然偏少。卓越学术团队和青年拔尖人才的成长还不能满足基础研究快速发展的需要。基础研究待遇相对较低，难以吸引和留住优秀人才安心从事基础研究。科研评价中急功近利的倾向不同程度的存在，与基础研究的发展规律不相适应，影响基础研究人员队伍的建设。

2. 军民融合科技创新体系建设仍有待完善，民口基础研究向国防领域转化存在壁垒

民口基础研究向国防领域转化应用是军民科技融合发展的一个重要方面，其发展状态直接受军民科技创新体系的融合程度影响。近年来，我国大力推进军民融合科技创新体系建设，并在多个方面取得重要进展，但受多种因素影响，一些长期制约我国军民融合科技创新体系建设的突出矛盾和问题依然没有得到根本解决，军民分离、资源分散、重复建设现象依然突出，影响民口基础研究向国防领域转化应用。

一是科技创新体系军民分离，民口基础研究成果向国防领域的转化应用存在体制障碍。由于历史、制度、思想和文化等因素，我国国家创新体系，特别是国防科技创新体系，是在计划经济基础上建立起来的。时至今日，计划经济的管理理念和手段仍然在我国国防科技创新体系中发挥着重要影响，国防科技创新体系和民用科技创新体系在一定程度上仍然相互隔离、自我封闭，民用科技资源难以在国防科技创新体系中充分发挥作用，军民双方还没有建立有效的成果共享与双向转移机制。虽然近年来，国家大力推动军民融合科技创新体系建设，并在多个方面取得一定的进展，但军民分割、条块分割的格局并没有完全打破，民口基础研究向国防领域的转化应用的制度壁垒仍然存在，致使民口基础研究成果难以在国防科技领域有效转化应用。

二是国防基础研究体系相对封闭，民口基础研究力量参与国防基础研究的难度较大。目前承担国防基础研究的研究力量，主要是以军工集团、军内科研单位和工信部所属院校等传统军工科研单位为主体，中科院、教育部和地方所属院校等具有雄厚基础研究实力的单位参与的深度和广度远远不够。在部分前沿技术领域，特别是信息技术和制造技术领域，地方科研单位和民营企业具有明显的技术优势。但由于装备科研的准入门槛较高，以及信息不对称等因素制约，导致很多地方科研机构和民营企业至今难以进入国防基础研究领域。军民基础研究计划二元分离，国防基础研究难以植根于国家基础研究沃土，中国科学院、地方高等院校、国家重点实验室、国家工程研究中心等科研力量在国防领域的潜力难以充分发挥。

三是科技资源军民共享不够，民口基础研究向国防领域转化应用的条件有待进一步完善。首先是科技创新平台、科研基础设施等共享不足。近年来，国家和军队不断加大对科技创新平台和重大科技基础设施的投入，陆续建成了航空遥感系统、重离子加速器等大型科学装置，建设了一批国家重点实验室、国防科技重点实验室等科技创新研究平台，以及高分辨率对地观测等数据资源，初步实现了军民开放，有效共享[①]。但总的看，互相封闭，利用率低，闲置突出的问题尚未根本改观，相关的建设投入机制、运行机制、使用补偿机制不完善、不配套，使得国家公共投入的基础设施共享比较困难。其次是军民科研协同攻关不够。军民融合科技创新需要军地双方打破人才队伍"部门（单位）所有"的成见和壁垒，开展联合攻关，实现优势互补，提升整体创新能力。但是，我国现行科技人事制度客观上限制了科技人力资源的合理流动，更没有合理的评价和激励机制，使得高等院校、国家科研机构、军工企业之间互为壁垒，人才各自为战，很难组织起来，解决国家和军队重大问题。第三是信息资源共享利用和深度开发不够。科技文献、科学数据等信息资源是基础研究发展的重要支撑，有些基础研究工作需要长期的研究积累，以及大量数据作支撑，例如目标及其环境特性研究就需要通过仿真和试验验证，构建海量的数据库。但由于缺乏科技创新信息融合共享平台和联通渠道，但数据分散、信息不畅、共享和转化程度不高等现象还比较普遍，形成了信息资源"分割拥有、垄断使用"的状况，存在数据资源拥有方"浪费"和需求方"匮乏"的现象，难以实现军地信息资源充分互补共用。

3. 转化应用的组织管理机制不够完善，军方主动启动和引导不够

科学的组织管理是推动转化应用高效开展的关键。当前，推进国防基础研究向国防领域的转化应用，还存在转化责任主体不明确、专职转化管理机构缺失，转化法规制度不够健全等问题，管理主体不清、职责不明，规范性不强，可操作性不高，军方主动启动和引导基础研究向国防领域转化应用不够，一定程度上制约了民口基础研究向国防领域的转化应用。

一是基础研究在国防实践中尚未得到足够重视，一定程度上影响了转化应用工作。长期以来，我国国防建设和武器装备发展一直处于"跟踪模仿""追随式"的发展模式，虽然基础研究对国防建设和装备发展的重要性在理论上已经取得共识，但在实践中重视程度不高，还存在重应用、轻基础的问题，基础研究"说起来重要、干起来次要、忙起来不要"的现象仍然存在。首先，缺少鼓励基础研究的政策导向。基础研究成果的价值在国防领域难以得到客观的认可。经费管理办法不适应基础研究智力成本高的特点，"见物不见人"的问题突出。缺乏鼓励潜心研究的政策导向，研究人员积极性不高，基础研究人才不足、队伍不稳。其次，过于强调军事需求对基础研究的牵引作用。基础研究通常与具体应用间隔较远，难以直接对应具体需求。在国防建设实践中，要求基础研究与装备发展需求结合，计划安排的基础研究工作主要是根据装备建设急需，采取补课式的研究，从立项到验收的各个环节，对满足应用需求强调过多；而从

---

① 毕京京，任天佑. 中国军民融合发展报告 2013[M]. 北京：国防大学出版社，2013.

技术牵引和驱动的角度考虑较少，对一些具有极大潜在应用前景的前瞻性基础研究重视不够。

二是尚未建立专职的转化管理机构，管理主体不清、职责不明。基础研究向国防领域的转化应用是一个涉及多环节、多责任主体的复杂过程，需要专门的管理机构进行统一管理，需要大量的人力和物力投入作为保障，对整个转化应用过程实施全面、系统、专业的管理。受军民科技长期分离发展的影响，我国当前尚未建立专职的民口科技成果向国防领域转化管理专门机构，存在"大家都能管、大家都不管"的现象。特别是军方作为国防基础研究的需求主体和最终用户，缺乏推动民口基础研究向国防领域转化的专职机构，对转化的主动启动与引导不够，转化管理的效率不高。总装备部作为国防科技研究工作的综合管理机构，虽然在工作层面上也在积极主动的与民口基础研究管理部门进行交流沟通，挖掘民口基础理论研究的创新成果为装备建设提供支撑，但其主要职能是开展军口应用基础研究、应用研究、先期技术开发等方面管理，民口基础研究向国防领域转化应用的管理并不是其主要工作，受人力、精力等因素的制约，难以对民口基础研究向国防领域转化应用的全寿命周期的各个环节进行全面、系统、专业的管理。

三是尚未构建专业化的转化人才队伍，转化应用的效率不高。随着科学技术专业化、融合化程度不断加深，高水平、专业化的转化人才队伍在科技成果转化中发挥的作用愈加突出。欧美等军事强国均高度关注具有交叉学科背景、了解军事需求的转化人才队伍建设，注重通过高水平的转化人才队伍来建立基础研究成果和军事需求相互衔接的桥梁，通过科学、规范的转化管理和运作来提高基础研究成果向国防科技转化应用的成效。虽然加强基础研究成果向国防领域的转化应用已引起军民双方的普遍重视，但受各种因素的限制，军内外尚未建立高水平的成果转化人才队伍，一定程度上制约了转化工作的科学、高效展开。

四是兼具高水平基础研究能力与军事敏感性的复合型人才匮乏。从国内外现有的民口基础研究向国防领域转化应用的成功实践，以及基础研究创新和转化的特点来看，兼具高水平基础研究能力与军事敏感性的复合型专家对于推动民口基础研究成果向国防领域的转化应用具有重要的推动作用。具备高水平基础研究能力，能够强化对基础研究创新成果的理解和认识，比较好的了解掌握本基础研究领域国际最新进展和国内发展态势；具备军事敏感性，能够较好把握国防领域对基础研究的需求，充分认识基础研究成果可能在国防领域产生的应用价值。从而架起基础研究和军事应用之间的桥梁、弥补两者之间的鸿沟，进而推动基础研究向国防领域的转化应用。但由于军民创新体系的相对分离，军工集团、军内科研单位等传统军工科研主体的基础研究科学家对民口基础研究的系统关注不够，中科院、地方高校等民口基础研究力量缺乏对军事需求的系统把握,没有形成兼具高水平基础研究能力与军事敏感性的复合型人才队伍,一定程度上制约了民口基础研究向国防领域的转化应用。

五是缺乏完善的转化法规制度,转化管理的规范性不强。长期以来,我国与技术转化相关的法规主要有《中华人民共和国促进科技成果转化法》和《实施<中华人民共和国促进科技成果转化>若干规定》(1999 年版和 2016 版),以及针对科技成果转化引导基金的《国家科技成果转化引导基金管理暂行办法》(2011 年 7 月)、《国家科技成果转化引导基金设立创业投资子基金管理暂行办法》(2014 年 8 月)、《国家科技成果转化引导基金贷款风险补偿管理暂行办法》(2015 年 12 月)。虽然 2015 年修订的《中华人民共和国促进科技成果转化法》在下放成果处置收益权、强化对人的激励、完善考核评价体系、加强技术交易服务、促进成果信息公开等方面实现重大突破。2016 年版《实施<中华人民共和国促进科技成果转化>若干规定》对《中华人民共和国促进科技成果转化法》中的原则规定进行了制度化,特别是对促进研究开发机构、高等院校技术转移,鼓励科技人员创新创业,营造科技成果转移转化良好环境等三个方面作出细化规定,为推进科技成果转化应用提供了更好的制度环境。但总体来说,现有法规制度还没有形成从法律到条例的完善体系,特别是针对民口基础研究向国防领域转化这一特殊领域的法规尚属空白,转化的制度环境尚待进一步完善。

4. 军民双方缺乏有效的沟通交流机制,军事需求与基础研究成果衔接不畅

全面深入的信息交流是军事需求与民口基础研究有效衔接的前提条件,是转化应用有序开展的首要步骤。受军民科技管理体制的影响,我国尚未建立制度化的转化应用交流渠道,军事需求与民口基础研究间的信息交流不畅已经成为当前影响转化的重要因素,军方对民口基础研究情况缺少及时的了解和把握,民口基础研究管理部门和科学家对军事需求的认识和理解不够全面、准确,难以实现军事需求与民口基础研究的无缝对接,严重阻碍了转化工作的顺利开展。

一是管理咨询层面的交流尚未制度化,对转化工作的指导协调不力。首先,尚未建立高层领导的定期交流会商制度,缺少从决策层面对基础研究向国防领域转化应用的共识和指导。目前在国家层面上,我国基础研究发展还缺乏高层综合协调机构,国防领域与民用领域科技的兼容发展、互动发展、统筹发展既缺乏系统性的长远谋划,也缺乏有效的及时沟通和协调,各部门更多的从自身利益出发,军民双方分割严重、沟通互动机制还不够健全,一定程度上阻碍了民口基础研究管理部门推动转化工作的积极性,制约了民口基础研究成果向国防领域的转化应用[①]。其次,军方科技管理部门和民口基础研究管理部门尚未建立制度化的沟通交流制度。总装备部相关业务部门与国家自然科学基金委虽然已经探索建立了一些交流渠道,但这种交流尚处于起步阶段,随意性较大、

---

① 刘书雷,韩琰,邓启文,沈雪石. 主要国家基础研究成果民转军主要做法及其对我国的启示[J]. 中国科技论坛, 2012 (10).

没有制度化、持续性不强，交流的深度和成效尚需进一步提高，对基础研究向国防领域转化应用的推动作用不明显。第三，咨询专家层面有组织的交流渠道尚未建立。咨询专家层面的互动交流是民口基础研究专家与管理部门了解军事需求、军方掌握民口基础研究情况的重要手段，目前在专家个体层面已经实现了广泛的互动交流，但在军队专家组与基金委学部等组织层面尚缺少对口沟通交流渠道，对转化应用的支撑不够。

二是缺乏有效的成果搜集和反馈渠道，民口基础研究成果纳入军方视野不够。民口基础研究成果纳入军方视野是推动民口基础研究向国防领域转化应用的前提条件。由于缺乏有效的信息交互渠道，民口基础研究成果进入军方视野的途径不多，直接影响民口基础研究向国防领域的转化应用。首先，尚未建立军方主动网罗基础研究成果的渠道和机制。目前，军方科技管理部门已经尝试开展与国家自然科学基金委等民口基础研究管理部门的信息交流，在交流过程中搜集基础研究成果，但尚未制度化、常态化。其次，尚未建立面向全社会的基础研究成果公开征集渠道。为了更加有效地获取民口基础研究成果信息，美军创建了 DoD TechMatch、TechLink Center 等面向全社会的基础研究征集平台，任何研究人员和团体都能通过它主动向美军提交自己的基础成果，供美军挑选。当前，我国尚未建立类似 DoD TechMatch、TechLink Center 等面向基础研究科学家的基础研究成果征集反馈平台，除通过熟人介绍、朋友引荐等非正规渠道外，一线基础研究科学家缺乏便捷有效的、直接向军方提交基础研究成果的途径，"报国无门"现象时有发生。

三是军事需求发布不够，对民口基础研究管理部门和科学家推动转化的牵引不足。首先，尚未建立科学可行的需求分解和密级设置机制，限制了军事需求的公开发布。将涉密的军事需求通过科学的分解机制转化为不涉密的科技问题，是军事需求向全社会公开征求解决方法的前提和关键。我军当前的军事需求分解机制还不够完善，可操作性不高，保密设置不够科学，难以把涉密的军事需求分解为不涉密的科学技术问题，一定程度上限制了军事需求的公开发布，影响民口基础研究力量对国防基础研究具体需求的理解和把握。其次，尚未建立军事需求公开发布平台，对转化应用的牵引不够。当前，我军主要通过项目指南来发布军事需求，且项目指南实行定向发布制，其发布范围、发布对象有严格的限制，在指南发布层层管理的过程中，一线基础研究科学家难以准确理解和把握军事需求，基础研究成果难以与军事需求有效对接，制约了转化的效率。

5. 转化培育机制不够健全，转化应用的效益不高

基础研究的成果主要是研究过程中发现的新规律、新原理、新理论、新方法等，能够为应用技术的发展提供理论基础。但与应用技术不同，基础研究成果一般不能直接应用，需要先转化为应用技术后才能应用。基础研究成果向应用技术的转化是一个复杂的过程，完善的转化培育制度、流程和操作规范是提高转化效

果的重要保障。民口基础研究成果转化应用于国防科技领域，应用于武器装备建设和作战，产生军事应用价值，取得国防效益，离不开科学的转化应用培育机制。但当前我国民口基础研究计划与国防科技计划的衔接不顺，转化操作流程和规范不够完善，协同创新机制不够完善，影响了转化的速度和效率。

一是民口基础研究计划与国防科技计划在时间安排上存在"空挡期"，转化应用的衔接不顺。根据军方现有的研究阶段划分和研究计划设置，民口基础研究成果转化首先是进入装备预先研究，但由于预研计划种类较多，民口基础研究成果究竟应当转入哪类计划缺乏统筹。同时，我国民口基础研究计划按年度安排，每年都有项目结题验收，并产生相应的基础研究成果。但军口各种预研规划大多是五年安排一次、一定五年，即使在计划执行中期实施调整，其调整的空间也十分有限。编制军口预研计划时不可能预测未来五年出现什么样基础研究成果，导致基础研究成果转化项目安排与军口现行预研计划存在着"步调不一致"的问题，影响基础研究成果向国防科技的快速、及时、灵活转化。同时，国防基础研究成果转入应用研究后，应加大投资力度，开展深入的试验验证和应用研究。但实际转化应用中，限于相关预研技术领域计划的支撑能力，经费难以与其实际需要相匹配。

二是转化操作流程和规范不够完善，转化过程无章可循。首先，缺乏规范化、可操作性强的转化流程。我国现有的民口基础研究向国防领域转化基本是一事一办，针对特定的基础研究成果由机关确定其成果转化应用方向，以及具体的转化实施办法，转化过程的随意性较大，转化应用的效率不高。其次，转化项目启动与过程控制机制不完善。我国当前尚未制定针对不同类型、不同研究阶段成果转化的程序和规范，对转化项目启动的条件没有明确统一要求，转化启动的随意性较大；尚未建立转化过程的风险控制机制，缺乏转化过程监督、评估机制和项目终止退出机制。

三是军民双方缺乏有效的协同创新机制，转化应用障碍较多。基础研究成果需要进一步通过装备应用研究和先期技术开发等工作才能转化为军事技术，应用于武器装备，产生国防应用。按照当前我国科技创新系统的分工布局，中国科学院，研究型高等学校是承担民口基础研究任务的主要力量，企业承担的基础研究任务仍然较少。在国防科研领域，承担应用技术研究的主体是军工企业、军队高校和军内科研院所，以及部分有资质的民营企业。民口基础研究和国防应用技术研究承担主体的不同，使得两者之间的协同创新至关重要，但两者分属不同的科技创新体系，现有的协同创新机制不够完善，使得民口基础研究成果向国防科技领域转化应用存在诸多困难。

6. 转化评价与激励机制缺失，基础研究科学家和管理部门推进转化的积极性不高

成果转化评价与激励机制是激发基础研究科学家和管理部门推进转化热

情的有效手段。成果转化评价机制的缺失、转化激励机制的不完善，直接影响基础研究科学家和管理部门推进转化积极性和主动性。

一是基础研究评价机制不科学，影响了基础研究科学家和管理部门推进转化的积极性。一方面，基础研究评价体系中转化应用的权重不高，一线基础研究科学家推进转化的积极性不强。我国现行的基础研究人员的考核评价机制中存在重学术、轻应用倾向，评价关注基础研究项目本身多，强调发表论文、出版著作、成果报奖、申请专利等学术指标，关注成果转移和转化不够。同时，转化应用需要大量经费和时间投入，且难以出高水平的学术成果。因此，现有的基础研究评价体系下，基础研究人员开展转化应用的积极性不高，研究人员承担基础研究项目后，更关注项目完成、论文发表、科技评奖，而不愿意花力气去推广应用，推动成果转化的积极性不高，大量基础研究成果被"束之高阁"。如中国科技大学某年轻学者在应用纠缠光子对某些隐蔽目标进行探测、对某些溶液或气体中溶质浓度进行测定方面取得了创新性成果，该成果具有较好的军事应用价值。但学校把其团队定位在基础研究，转化应用并不在其评价指标体系内，考虑到进行转化应用要花费大量时间和精力，还不如继续深入研究基础问题，发表更多更好的文章，更有利于其自身发展，就放弃了转化的想法。另一方面，基础研究成果的转化应用未纳入基础研究管理部门的工作职责，基础研究管理部门推进转化的主动性不强。当前，从国家制度设计来看，民口基础研究管理部门并没有将成果转化纳入其工作范围，更没有将民口基础研究成果向国防领域转化纳入基础研究管理机构工作评价体系中，导致民口基础研究管理部门对成果转化工作的考虑相对不足，推动基础研究成果向国防领域转化的主动性不强。

二是转化激励机制和利益保障机制不完善，影响了基础研究科学家推进转化的内在动力。在我国科技成果激励机制中，缺乏对基础成果价值的科学评价，基础研究人员的权益得不到合理的保障，影响了转化工作的顺利开展。现有的评奖制度对为最终成果提供支撑的基础研究价值承认不够，应用技术研究获得科技奖励通常与为其提供支撑的基础研究成果无关。武器装备研制过程中，缺乏对基础研究成果贡献度的科学评价，基础研究科学家解决了制约武器装备发展的关键基础研究问题，通常只能获取少量经济补偿，挫伤了其推进转化应用的积极性。对机构来说，高等院校作为承担基础研究的主要研究力量，一般不是成果应用的主体。由于现有的评价及奖励机制对基础研究机构价值的承认不够，院校对开展成果转化工作的积极性不高，缺乏鼓励转化应用的激励措施，对转化应用的经费支持力度不足，基础研究成果转化应用的整体效益不高。此外，由于知识产权保护力度不够，基础研究的知识产权保护问题没有得到根本解决，基础研究人员的利益得不到有效保障，民口基础研究科学家将成果向工程研制优势单位转移的意愿不高，主动性不强。

第6章 新时期基础研究的发展特征及其转化应用的时代要求

6.1 新时期基础研究创新发展的特征趋势

新时期，基础研究在经济社会发展和国家安全中的重要性日益突出，受到越来越多国家的高度重视，各国对基础研究的投入稳步增加，发展不断加速，成果不断涌现，对经济、科技、军事的支撑作用不断凸现。综观当今世界基础研究创新发展的态势，有九个方面的基本特征和规律，值得高度关注和认真思考。

1. 先导性作用愈加显著，自主创新和可持续发展更加倚重基础研究[①]

在科技发展初期，技术相对较简单，科学积累也相对薄弱，技术发明更多是经验的固化，有很多技术发明走在了理论探索的前面。火药的发明就在远远领先于燃烧等相关理论的发现。火药在北宋时期已开始应用于军事，发现时间更早，但直到18世纪才搞清楚其原理。在1044年（北宋时期）曾公亮和丁度奉奉敕编撰的军事巨著《武经总要》中，详细列出了三种军用武器——毒烟球、火炮、蒺藜火球的火药配方。这也是迄今发现的世界上最早的军用火药配方。以此推算，火药的发明应在此之前。但火药发明应用后的很长一段时间，人类对火药的原理不甚明白。直到18世纪，拉瓦锡才发现燃烧的原理。在此之后才完全搞明白火药的原理，此时距火药发明已过去1000年左右。但近一百年来，技术越来越复杂，基础科学的积累也越来越厚实，技术发明越来越依赖于基础研究的发现，基础研究的先导作用愈加显著。正是基于基础研究的超前探索，使人类认识和改造世界的能力大大提高，对经济社会发展、国防科技创新、武器装备发展产生重要推动作用。例如，量子理论促成了半导体集成电路和激光器的发展，相对论及原子核的科学理论导致了核技术的发展和原子弹、氢弹的出现，以及原子能的应用。航天技术、信息技术、激光技术等尖端技术也正是基于基础研究的突破才得以迅猛发展，并在经济、科技、军事等方面得到了广泛应用。历史表明，只有切实加强基础研究，追根溯源、求深求实，把本质规

---

① 刘书雷，邓启文，赵海洋，屈婷婷. 世界国防基础研究发展的基本特征及启示[J]. 装备学院学报，2017（1）.

律摸清搞懂，才能实现自主创新和可持续发展。当前，武器装备向着更快、更远、更加精准、更具威力、更加智能的方向持续发展，不断挑战科学技术的物理极限。在另辟蹊径寻找颠覆性技术提供解决方案的同时，深耕基础研究的土壤，从中汲取突破性的力量，跨越高精尖技术发展的瓶颈，成为当前国防科技发展的又一鲜明特点[①]。为此，世界主要国家坚持将加强基础研究作为国家科技发展的根本策略，加大投入，持续攻关，以期抢占科技发展先机，为经济、社会、军事发展奠定科技基础。比如，受困于经济发展放缓，美国近年来持续削减国防科研经费，但却保持了基础研究投入的小幅增长，对基础研究的重视程度由此可窥一斑。当前，新科技革命即将来临，基础研究即将进入群体突破时期，要把握科技发展主动权，必须高度重视、全力抓好基础研究。

2. 愈加重视稳定支持和超前部署，主要国家对基础研究的投入不断增加

基础研究是对未知世界、未知领域的探索，具有不确定性强、进展较为缓慢等特点，甚至有可能多年得不到突破，从研究启动到研究成果发挥应用价值，需要研究人员长期不懈的努力和积累，需要外界持续稳定的支持。因此，主要国家普遍重视对基础研究实行超前部署和持续稳定的投入支持，为基础研究的开展提供良好、长期的条件保障。如美国国防高级研究计划局多年前持续资助进行的"分组交换"研究，导致了 Internet 的大发展，开拓了网络经济新时代[②]，并成为"网络中心战"的关键支撑技术，就是超前部署的成功典范。当前，随着基础研究向应用转化的速度不断加速，科技竞争进一步前移到基础研究阶段，基础研究受到的重视越来越高，许多国家都将基础研究作为科技发展的重点，进行全方位部署，着力推进基础研究快速发展。美国总统奥巴马执政后，特别强调科技和创新是解决美国面临的诸多紧迫问题的关键，不断加大基础研究发展力度。2009 年 9 月，美国出台了《美国创新战略：推动可持续增长和高质量就业》报告，提出要加大投资，恢复美国基础研究的国际领先地位，催生在清洁能源、先进汽车、卫生保健等国家优先领域的重大突破。奥巴马承诺对基础研究的资助在未来 10 年间翻一番，2010 年美国联邦研发预算为 1475 亿美元，比 2009 年高 0.3%，其中基础研究增加至 308 亿美元，增幅达 3.4%。2009 年 5 月，美国国家科学基金会启动学术研究基础设施恢复和再投资计划，以恢复和强化美国雄厚的科研基础设施实力。日本制定《科学与技术基本计划》，大力推动以原始性创新为核心的基础研究计划。在国防领域，主要国家的国防科技和装备建设，在历经成功体验和失败教训后，逐步趋同于"超前部署、稳定支持基础研究"的政策取向，重视通过基础研究发掘装备发展的机遇，确保当前和未来发展的优势地位。

①刘书雷，屈婷婷，赵海洋，邓启文. 对国防基础研究相关基本问题的深化认识和思考[J]. 国防科技，2015（12）.
②李德孚，徐海玉. 国防科技基础研究是国防科技创新发展的基础[J]. 国防与科技，1998（3）.

3. 学科交叉与融合趋势明显，成为催生变革性创新的重要方向

在自然科学形成的初期，各学科没有明显的界限，随着学科的深入发展，逐渐形成各自的领域，开始分化形成数、理、化、天、地、生等学科，发展为相对分离、自成体系的学科体系。近年来，各个学科的研究领域也在不断拓展，科技发展跨学科趋势日益明显，学科间的渗透和交叉日益严重，学科边界更加模糊，新学科、新知识、新思想，更多是以学科交叉融合的方式出现，许多重大创新出现在学科交叉领域。如跨学科研究、学科交叉研究不断地开拓出诸如物理化学、天体物理、生物物理、生物化学、数学物理等新研究领域，孕育出新的学科生长点和激动人心的革命性创新。纳米、生物、信息和认知科学的交叉融合产生了具有极大军事应用前景的会聚技术（NBIC），将有可能在未来10～20年对军事领域产生深远影响。有科学家预测，"凡是认知科学家能够想到的，纳米科学家就能够制造，生物科学家就能够使用，信息科学家就能够对其进行监控"。目前，科技界普遍认为生命科学、工程学和自然科学的大融合将引发科技的新一轮大发展。生物学和数学、计算机科学结合产生的生物信息学已呈现快速发展的苗头，受到发达国家的高度重视。2008年，美国国家科学基金会投资1600万美元，建立数学和生物合成国家研究所。同时，21世纪以来，军事科学、社会科学、管理科学与自然科学的交叉和融合不断加剧，为独创性和重大突破性研究提供了强有力的基础，有可能催生重大基础研究创新。

4. 需求牵引发展的力度增大，国家主导作用进一步加强

由于基础研究在经济发展、社会进步和国防建设中的突出作用，主要国家都把基础研究作为提升国际竞争力、保障国家安全的战略领域进行重点发展，需求在基础研究发展中的牵引作用越来越大。世界各国在继续尊重科学家自由探索、自主选题、追求真理的同时，更加重视按照科学技术发展的态势、国家和军队建设发展的重大需求制订明确的基础研究发展战略、规划计划与政策指南，有目标、有重点地支持和组织开展基础研究，引导基础研究发展方向和发展重点，培育和发掘新的技术机遇，并根据形势的变化不断优化发展战略和政策，不断调整研究领域。国家在推动基础研究发展中的主体地位不断强化，国家需求和投资力度在很大程度上影响和支配着基础研究的发展方向、发展重点和发展速度。如美国着眼现实需求和长远发展，在几乎所有与军事相关的自然科学和工程领域开展基础研究。美国国防部制定的《基础研究规划》涵盖了物理、化学、数学、计算机科学、电子学、材料科学、力学、地球科学与海洋科学、大气与空间科学、生物学及认知与神经科12个领域。1997年，我国开始实施国家重点基础研究发展计划（973计划），引导科技工作者对国家战略需求中的重大科学问题，以及对人类认识世界将会起到重要作用的基础前沿问题进行研究。2006年，我国启动重大科学研究计划，通过组建较大规模的跨学科合作研究团队，配置较高强度资源，在重点基础研究领域开展系统性研究，以获

取重大科学突破。

5. 大科学特点日益凸显，研究群体和基地的作用日益突出

在科技发展的早期，基础研究主要由研究人员个人对世界的好奇心驱动，主要依靠研究人员个人的理论分析与探索，并不需要很高的物质条件和很多研究人员的合作，具有比较明显的"单打独斗"特点。近年来，随着科学的深入发展，基础研究的大科学特点日益凸显，基础研究对研究条件和研究合作的要求越来越高，由优秀科学家所组成、拥有良好设备条件和良好学术氛围的研究群体和研究基地，在基础研究中的作用日益突出，世界各国都大力推进基础研究群体和基地的建设，创造基础研究发展的良好环境。美国国家科学基金会（NSF）自 1987 年就开始实施对基础科学研究群体和基地的资助计划，建立基础科学研究基地，并给予每个基地充足的经费支持。我国在自然科学基金中也设立了"创新研究群体科学基金"对基础研究群体进行支撑，资助国内以优秀科学家为学术带头人、中青年科学家为骨干的研究群体，围绕某一重要研究方向在国内进行基础研究。欧盟和韩国也先后启动了对研究群体和基地的资助计划。

6. 协同创新成为重要模式，基础研究领域合作创新更加广泛深入

信息时代，信息网络技术渗透到经济社会生活的各个方面，为科研人员获取信息、拓展知识以及开展协作提供了前所未有的便利渠道。利用网络化平台可以把相关科技资源聚集起来，为基础研究资源的流动、汇聚提供了手段支撑，进一步激发和释放科技人员的创新活力，为基础研究的分布式合作奠定了基础，从根本上改变了在科学"作坊"里分门别类进行科技创新的传统做法。同时，随着世界科技发展进入后 IT 时代，"互联网思维"蓬勃兴起，"跨域融合、填补鸿沟"的理念日益深入人心，科学研究进入大数据时代，分布架构和开源创造思想对科技发展的影响日益深入，科技创新组织模式不断由纵向金字塔式等级模式向扁平化网络化的横向分布式协作模式转变，科技创新资源日益开放、创新壁垒不断降低。互联网思维和组织模式为基础研究发展提供了新思路，通过协同创新汇聚创新资源、激发创新活力，成为主要国家推动基础研究发展的新要求和共同选择，协同创新正在成为大科技时代实现基础研究创新发展的有效途径。近年来，全球范围的基础研究合作不断深入，欧洲核子研究中心（CERN）、国际大洋钻探计划、人类和水稻基因组计划、全球环境变化计划、反物质探测计划等研究机构和大科学计划都有多个国家的合作与参与。欧洲核子研究中心正在运行的大型强子对撞机，由全球 85 国的多个大学与研究机构，超过八千位物理学家合作兴建，每年约有来自 80 多个国家和地区的 500 多个研究机构的 3000 余位科研人员在 CERN 工作。国际热核聚变实验堆（ITER，俗称"人造太阳"）计划吸引了包括中国在内的 30 多个国家合作研发。然而，必须清醒地认识到，在广泛合作的背景下，基础研究的国际竞争依然存在，并且愈加激烈。

对于基础研究，同样没有"免费的午餐"，"拿来"同样是行不通的。基础研究的国际合作与交流从来需要强大的实力作为基础，只有具备相当的实力，才能开展实质性的国际合作，才能对综合国力的提升做出真正的贡献。那种把希望寄托于国外，幻想依靠引进别国的基础研究成果来实现科学和技术跨越的观点是幼稚和片面的。

7. 创新与传播速度日益加快，向生产力、战斗力转化应用的周期大大缩短

随着世界科技发展步伐不断加快，国家间科技竞争进一步向原始创新前移，基础研究的地位和作用更加凸显，基础研究受到越来越高的重视，基础研究的条件和手段不断改善，基础研究的创新速度日益加快。此外，随着电子、网络等信息传播技术的发展与广泛应用，基础研究成果的传播速度显著加快。如通过互联网，重要的基础研究理论发现可以在一天之内传播到全世界。同时，随着科学研究与工程学科领域的"产学研"紧密结合，基础研究与应用研究的界线日益模糊，实验室科学发现到技术发明再到产品进入市场和应用的步伐不断加快，基础研究向生产力、战斗力转化应用的周期大大缩短[①]。在科技发展早期，受制于科技和工业基础的制约，基础研究从取得突破到真正得到应用，一般都要经历较长的一段时期。如果从 1600 年英国人吉尔博特开创磁学和电学研究作为起点，到 1882 年法国人德普勒发明远距离送电方法，便得到广泛和实际的应用，时隔 282 年之久；从电磁波发现到雷达装备应用历时近 50 年；1953 年沃森和克里克发现 DNA 双螺旋结构，到 1996 年转基因农作物进入市场，用时 43 年。随着技术和工业基础的改善，以及社会整体发展速度的加快，现代科技成果转化周期大为缩短，许多基础研究成果，都在较短的时间里迅速从实验室走向市场、走向战场。例如，从 1988 年费尔和格林贝尔发现巨磁阻效应，到1997 年全球首个基于巨磁阻效应的高密度读写磁头投放市场，仅用了 9 年，并很快引发了硬盘的"大密量、小型化"革命；从 1999 年英国物理学家 Pendry证明负折射现象和左手材料存在的理论模型，到 2006 年美国杜克大学科学家利用该理论制造出"隐形斗篷"，理论研究到应用研究仅间隔了 7 年。2004 年，陶哲轩等人在压缩感知理论研究方面取得重大突破，随后美国自然科学基金会等继续对该理论实施资助，用于提升 MIMO 雷达的性能，基础研究成果在不到3 年的时间就成功应用于军事领域。在国防领域，世界各军事强国为发展和维护国防科技优势，采取设立专门转化应用机构，开展先期技术演示验证、作战实验、战前紧急应用等手段，加快国防基础研究成果向实际应用转化。如美国一直通过 DARPA 推动基础研究向军事领域转化应用，俄罗斯也成立了类似于DARPA 的高级研究基金会，加速新思想新方法向装备领域的转化应用。美国国防部制定《美国国防部国内技术转移条例》等专门法规，为开展技术成果转

---

①刘书雷，屈婷婷，赵海洋，邓启文. 对国防基础研究相关基本问题的深化认识和思考[J]. 国防科技，2015（12）.

化工作提供法律保障。基础研究成果正以更快的速度、更短的转化链条向应用技术开发和产业化转移，特别是直接引发新型武器装备的产生，形成新的能力和优势，产生重大的军事和经济效益。

8．研发手段和认知能力加快提升，微观和宏观领域的探索将更为活跃

科学新发现、新理论的提出和验证依赖新的技术手段，依赖重大科学装置和新测量仪器的强大技术能力。随着基础研究研发手段的不断进步，对物质世界的认知能力有了大幅提升，推动基础研究从宏观和微观两个尺度向着最基本和最复杂两个方向进一步拓展。在微观层面，对物质世界认知的探测、检测能力水平不断提升，科技人员可以在原子、分子层级实现对微小粒子的操控，实现了对微小结构的构建，使得认知物质世界的能力有了新的提升。利用超级计算机能够对复杂巨系统进行模拟仿真，将人们对物质世界的认知和操控能力推到了前所未有的高度，使得对物质基本性能研究进入设计时代，极大提升了基础研究创新的广度和深度。比如，当前引起隐身技术革命性变化的"超材料"技术，就是通过在微纳尺度上对材料结构进行精密设计，引导和控制电磁波的传播路径，为实现武器装备的隐身提供了新的技术途径，某种程度上讲这种可预期的"创新"，是被"设计"出来的。未来科学的发展方向就是深入研究微观世界不同层次的物质结构、物质的相互作用和在相互作用下产生的运动形态和运动规律。纳米技术将进一步揭示出微观世界的新的规律和特性，并带来科学、技术和产业的重大变革，仍将是新一轮世界科技竞争的热点；对物质结构的研究可能使人类走向对原子、分子甚至电子进行调控的时代，将在物质结构调控、新物质设计合成、新奇物态研究等方面取得革命性突破；合成生物学将可以从系统整体的角度和量子的微观层次认识生命活动规律，打开从非生命物质向生命物质转化的大门，这可能导致生命科学的革命性突破。在宏观层面，大型射电望远镜、大型海洋监测系统不断发展，为宇宙、海洋等大系统的研究提供了良好的研究条件。2016 年 9 月，我国的建成口径达 500 m 的全球最大球面射电望远镜，将有力推动宇宙科学研究。全球海洋观测系统（GOOS）在全球海洋广泛布置监测系统，对海洋进行长期持续的高精度监测，能够为海洋环境的研究提供充分的数据支持。借助大型研究手段发展，宇宙黑洞、暗物质、暗能量、反物质的研究有望取得突破性进展，很有可能像牛顿发现万有引力、爱因斯坦提出相对论一样，极大地改变我们现有的世界观，并引发新的科技革命。

9．基础研究孕育重大突破，将推动科技发展和装备建设进入新时代

经过近 60 年积淀，物质科学、生物科学、信息科技等基础科学领域，发生革命性突破的先兆日益显现。在物质结构方面，对分子、原子甚至电子的调控，有可能在光电热高效转化等领域产生新的突破，由此导致新的技术革命和产业革命。在生物科学领域，合成生物学正酝酿重大突破，结构生物学迅速发

展，生物科学即将迎来革命性发展。英国剑桥大学首次用自然界并不存在的人工合成遗传物质制造出一种酶[1]。由美国、英国、法国多国科学家组成的国际小组成功合成首个酵母菌的功能染色体[2]。美国斯克里普研究所通过遗传工程改造出一种在遗传材料中包含一对在自然界并不存在的附加 DNA 碱基[3]。合成生物学的出现开辟了从非生命化学物质向人造生命转化的途径，可能导致生命科学和生物技术的重大突破。在信息科技领域，机器人、神经形态计算、石墨烯、光子学、量子信息等方向不断取得重要突破[4]。机器人方面，敏捷机器人和机器人合作研究取得重要进展。美国 BostonDynamics 公司的 Atlas 机器人具有利用腿在崎岖不平的地形中步行、奔跑的能力，被麻省理工学院《技术评论》评为十大科技突破。此外，研究人员研发出新的软件和互动式机器人，是机器人能够开展基本任务合作，被《科学》杂志列十大重大科学突破之一。上述研究将为提升无人装备的环境适应能力和多系统协同能力奠定坚实的基础。神经形态技术正成为研发热点，如果取得突破将极大提升计算系统的感知与自主学习能力，在模式识别、行为建模、查找目标、智能自动化数据处理、智能分析等方面具有巨大的应用潜力。2014 年，斯坦福大学研制出高速低能耗的类人脑芯片[5]，IBM 开发出可模拟大脑的芯片[6]。石墨烯材料和器件研究取得整体突破。2014 年，IBM 利用主流硅 CMOS 工艺制作出世界上首个多级石墨射频接收器，可使信息设备以更高的速度、更低的能耗、更低的成本传递数据信息。卢森堡大学首次利用传统半导体材料生产出人造石墨烯。量子信息研究取得重大突破。2014 年 4 月，美国和德国研究人员分别开发出一种实现单原子和单光子间相互作用的新方法，并由此制造出关键的量子计算组件，推动未来量子计算机研发向前迈出了一大步[7][8]。2014 年 8 月，奥地利研究人员开发出一种全新的量子成像技术，首次在无需检测对象成像的照明光情况下实现了物体的成像，同时现实图像的光波也没有接触过成像对象[9]。

[1] Taylor A I，Pinheiro V B，Smola M J，et al. Catalysts from synthetic genetic polymers[J]. Nature，2014（518）：427-430.

[2] Annalurul N，Mullerl H，Leslie A·Mitchell，et al. Total synthesis of a functional designer eukaryotic chromosome [J]. Science，2014（344）：55-58.

[3] Malyshev D A，Dhami K，Lavergen T，et al. A semi-synthetic organism with an expanded genetic alphabet[J]. Nature，2014（509）：385-388.

[4] 中国科学院. 2015 科学发展报告[M]. 北京：科学出版社，2015：278-280.

[5] ScienceDaily. Scientists create circuit board modeled on the human brain[EB/ol]. http：//www. scoop. it/t/the-healthcare-news/p/4020427685/2014/04/28/scientists-create-circuit-board-modeled-on-the-human-brain?

[6] IBM. NewIBM SyNAPSE Chip Could Open Era of Vast Neural Networks[EB/ol]. http：//www-03. ibm. com/press/us/en/pressrelease/44529. wss.

[7] MIT. New 'switch' could power quantum computing[EB/ol]. http：//news. mit. edu/2014/new-switch-could-power-quantum-computing-0409.

[8] Mpg. Computing with a quantumtrick[EB/ol]. http：//www. nanowerk. com/nanotechnology-news/newsid=35151. php.

[9] Medienportal. Quantum phasics enable revolutionary imaging method[EB/ol]. http：//www. linkedin.com/pulse/2014090107 1543-87270726-quantum-physics-enables-revolutionary-imaging-method.

6.2 推动民口基础研究向国防领域转化应用的新要求

新的历史时期，民口基础研究快速发展，国防和军队建设对基础研究的需求日益凸显，必须适应民口基础研究和国防建设的新特征，科学把握推动民口基础研究向国防领域转化应用的新要求。

1. 基础研究加速发展，对加强研究成果与军事需求的对接提出了新要求

成果与需求的有效对接是推动转化应用的基本前提。民口基础研究向国防领域的转化应用也必须以民口基础研究成果与军事需求的准确对接为前提。一方面，民口基础研究机构及研究人员需要科学准确把握国防科技和武器装备发展对基础研究的需求，从中发现能够自己能够承担的基础研究任务；另一方面，军方需要全面系统了解民口基础研究的现状、能力、成果，从中遴选出能够满足军事需求的基础研究成果。新的历史时期，民口基础研究发展不断加速，创新成果不断涌现，迫切需要创新思维方式、完善机制办法、建立顺畅的军民双方交流渠道，实现丰富的民口基础研究成果与军方日益迫切的军事需求的有效衔接，既为军方提供全面快速掌握最新基础研究成果的平台，又为民口基础研究力量架起了解军事需求，毛遂自荐推荐研究成果的桥梁，为推进转化应用奠定基础。当今世界，人类已步入信息时代，网络已渗入到社会、经济、科技、文化和军事等各个领域，信息技术的快速发展和信息网络的广泛应用，为加强民口基础研究成果与军事需求的对接提供了良好的技术手段。美国国防部搭建了 DoD TechMatch、TechLink Center 和 FirstLink 等科技成果与军事需求对接的网站，一方面公布政府资助的国防基础研究项目信息，鼓励有基础、有能力的研究人员主动承担；另一方面向社会征集基础研究成果，全方位寻求基础研究成果向国防领域转化应用的合作机会。

2. 国防建设的特殊性，对强化军方在转化应用中的主导作用提出了新要求

推进民口基础研究向国防领域转化应用，最终目的是将民口基础研究成果、资源、人才应用于国防建设，提升作战能力。军队是国防建设的主导者和实施者，对国防建设当前发展状态、存在的问题、未来发展方向的把握最全面、最准确、最深刻，对基础研究需求的认识最到位。此外，国防建设具有不同于一般民用领域的特殊性。一是封闭性，只有军方机构或具有一定资质的民间机构能够直接参与国防建设，大部分民口基础研究人员和机构并不具备这种资质；二是保密性，国防建设对保密性有更高的要求，军队建设的目标、重点，特别是重点武器装备的性能指标、技术参数等都是重点保密的内容，只有军方掌握。国防建设的这些特性要求必须加强军方在民口基础研究向国防领域转化应用中的主导作用，在军方领导下开展转化应用技术的遴选，培育和评审等工作，确保转化应用的目的更加明确，能够更有效聚焦瞄准军事需求。

3. 基础研究向国防领域转化应用的复杂性，对加强转化过程管理提出了新的要求

民口基础研究向国防领域转化应用是一个受投入、机制、技术基础等多因素影响的多环节复杂过程。从基础研究成果到最终转化为军事技术、军事思想，并应用于武器装备、部队建设和作战指挥，一般要经历发现、遴选、培育、应用等环节，每个环节都对转化应用成功具有关键性影响，任何一个环节出现问题，都可能导致转化应用的失败。加强转化应用的过程管理，构建专业的全过程培育机制，形成需求、科研、产业和中介等多个利益主体各得其所、分工协作的良好格局，为民口基础研究向国防领域的转化应用提供完善的全流程服务，已成为有效应对转化应用过程中可能遇到的各种问题，提升基础研究向国防领域转化应用效率，促进基础研究成果向国防领域转化应用的必然要求。如美国就构建了"发现—遴选—跟踪评审"三阶段培育机制，通过多种信息交流渠道及时发现具有军事应用潜力的基础研究成果，以军方需求为牵引遴选转化项目，在转化过程中实施严格的过程跟踪评审，为民口基础研究向国防领域转化应用提供良好的全过程服务。

4. 转化应用的专业程度显著增加，对加强专门机构和专业人才队伍建设提出了新要求

新时期，科学技术的分工越来越细，而武器装备的复杂性与集成度越来越高，民口基础研究向国防领域的转化应用既需要深厚的科技底蕴，还需要专业的管理、协调与组织能力，过去那种由基础研究人员或武器装备研制人员兼职承担转化应用任务模式的缺点越来越明显。适应基础研究向国防领域转化应用分工专业化的发展趋势，建立专业的基础研究转化应用机构和人才队伍，设立专门的转化应用资助计划，由专业机构和人才队伍承担民口基础研究向国防领域的转化应用任务，并通过专门的资助计划进行支撑，已成为加快民口基础研究向国防领域转化应用的迫切要求。如美国、俄罗斯、英国为有效满足基础研究向军事领域转化应用的专业性要求，分别成立了国防高级研究计划局（DARPA）、国防科技发展基金、国防企业试点中心等专门机构承担基础研究向国防领域的转化应用工作，取得了较好的效果。

第7章 推进民口基础研究向国防领域转化应用的基本构想与方法

民口基础研究资助范围广、投入力度大，在出高水平研究成果、培养高层次创新人才方面取得了突出成效，客观上具备了服务于国防的前提条件。但推进民口基础研究向国防领域的转化应用，涉及军民两大系统和多方主体利益，受我国科技发展历史和发展阶段的制约，现阶段推动我国民口基础研究向国防领域的转化应用仍然面临着管理体制、运行机制等方面的障碍，是一项极具复杂性、长期性和艰巨性的系统工程，必须结合新的时代特点和任务要求科学设计、统筹推进。

7.1 指导思想与原则

新形势下推进民口基础研究向国防领域的转化应用，必须高举中国特色社会主义伟大旗帜，以邓小平理论、"三个代表"重要思想、科学发展观为指导，深入贯彻习近平总书记系列重要讲话精神，以党在新形势下的强军目标为统揽，全面落实创新驱动发展战略和军民融合重大战略部署，着眼国家安全和发展战略全局，紧贴国家和军队建设重大战略需求，遵循市场经济规律和科技发展规律，以军事需求为导向，以提升自主创新能力为核心，以改革创新为动力，创新发展思路，加快发展步伐，着力解决制约民口基础研究向国防领域转化应用的突出问题，逐步建立和完善符合我国国情军情、适应科技发展特点规律、科学合理、运行顺畅的民口基础研究向国防领域转化管理体制、运行机制和转化模式，加快建成"军地协调、开放竞争、资源共享、驱动发展"的中国特色基础研究发展体系，推动民口基础研究和国防基础研究发展的同步跨越，在更大范围、更高层次、更深程度上把国防和军队领域的基础研究需求纳入国家基础研究发展体系之中，为提高国防科技自主创新能力、推动武器装备自主跨越发展、实现党在新形势下的强军目标奠定更加坚实的基础。

新的历史阶段，推进民口基础研究向国防领域转化应用，应充分借鉴参考先进国家推进转化应用的经验做法，依据我国科技创新的基本国情和国防建设的实际情况，着眼解决当前影响转化应用的主要矛盾和突出问题，按照"军方主导、顶层推动、需求牵引、市场运作、统筹协调、制度保障"的基本原则，理顺体制机制，健全法律法规，不断拓宽转化应用范围、提高转化应用层次、丰富转化应用形式，确保转化应用顺畅高效。

一是坚持军方主导。推动民口基础研究向国防领域转化应用，是新时期吸收民口基础研究力量、创新成果和创新资源为国防和军队建设、国防科技发展和武器装备建设服务的过程。军队作为国防建设和武器装备发展的需求主体和最终用户，在推动民口基础研究向国防领域转化应用进程中发挥着不可替代的重要作用。当前条件下，军方有必要主动加强与科技部、自然科学基金委、中科院等部门的沟通协调，可共同商定若干重点领域，先行试点，并通过推广拓展以及示范作用，积极引导和推动国家基础研究成果向国防领域的转化应用。要主动发布军事需求，引导国家基础研究计划和创新力量向军事需求倾斜，牵引和推动转化工作有效开展。要主动挖掘、积极嫁接具有军事应用潜力的基础研究成果，为国防科技和武器装备的创新发展奠定坚实基础。要主动启动转化项目，积极探索转化应用过程的监督、沟通机制，切实提高基础研究成果向国防领域转化的效能。

二是坚持顶层推动。民口基础研究向国防领域转化应用关系到军队和地方两个系统，涉及军民科研院所、高等院校等创新主体，科技部、自然科学基金委、国防科工局、军队装备发展和科技创新管理机构等部门，还涉及各类知识产权服务机构、科技创新信息交流平台等中介服务机构，是一项多主体共同参与、密切协同的复杂系统工程。必须着眼长远，强化顶层设计，科学把握民口基础研究向国防领域转化应用的规律特征，把推进民口基础研究向国防领域转化应用作为一项系统工程，从国家层面进行统一安排和部署。既要从国家层次做好政策、制度的衔接和配套，防止各部门孤立、相互脱节甚至相互抵触的现象发生；又要坚持自上而下与自下而上相结合，实现顶层与底层、军方与地方的呼应互动，确保各项工作有序推进、稳步发展。

三是坚持需求牵引。需求是推动科技进步的强劲动力，也是牵引转化工作的巨大力量。受管理体制、运行机制等方面因素制约，目前民口基础研究对军事需求的了解和关注还不够，尚缺乏有效的成果转化渠道，军事需求对民口基础研究的导向和牵引作用也有待加强。为了更好地促进民口基础研究成果向国防领域的转化应用，为国防科技和武器装备自主跨越、持续发展提供雄厚的科技支撑，要始终把服务于国家安全和军队建设重大战略需求作为推进转化工作的出发点和立足点，按照国家安全战略需求和科技发展态势，着眼国防建设的近、中、远期战略需求，探索建立国防领域基础研究需求的分析、生成的科学理论、方法和规范，凝练国防领域基础研究发展重大需求，制订明确的国防领域基础研究发展战略、规划计划，牵引推动科研院所、高校和工业部门围绕国防重大需求开展基础理论创新和转化工作，着力提高转化应用的科学性、针对性。要更新观念，科学处理军事需求发布和安全保密关系，健全完善科学可行的军事需求密级设计机制和公开发布机制，牢牢掌控转化应用的主动权，牵引和推动转化工作的有效开展。

四是坚持市场运作。新形势下推进民口基础研究向国防领域转化应用，必须让市场这只"看不见的手"充分发挥作用，使市场经济中的供求机制、竞争机制和价格机制发挥对基础研究创新和转化资源配置的决定性作用。政府要综合运用财政、货币、产业和区域经济政策，引导国家科技资源流向国防现代化建设和社会经济发展中需求迫切、驱动发展强、前景效益高的领域。军队要遵循市场经济规律，发挥市场在创新资源配置的决定性作用，充分考虑民口基础研究管理部门、一线基础研究科学家、转化应用推动者的个人和单位利益，统筹运用资金注入、经济补偿、成效奖励等多种手段，激发转化应用活动各参与主体的积极性，引导经济社会领域的多元投资、多方成果、多种力量更好地服务国防建设，牵引民口基础研究创新资源向国防领域的转化应用，借助国家雄厚的基础研究创新资源培育国防科技发展的新技术新思想，把国防和军队建设根植于国家创新大局。

五是坚持统筹协调。围绕国家安全和发展战略需求，科学统筹协调国家科技资源配置，将国防和军队建设融入经济社会发展体系，将国防科技发展融入国家科技创新发展大局，在中央财政优化支持的五类科技计划（专项、基金等）中充分考虑国防和军事需求，把国家深化科技体制改革同国防科研创新布局完善有机结合起来，促进国防科技发展和武器装备建设规划计划与国家科技发展和社会发展规划计划之间的相互衔接和协调配套，促进经济领域和国防领域科技成果、人才、资金、信息等要素交流融合，提高军地资源共享共用程度，不断拓展军民融合的范围和深度。加强军方与国家科技部、自然科学基金委等部门的沟通协调，推动军方需求在国家层面基础研究计划中进行体现和落实，依托和利用现行基础研究组织管理渠道，推动有关单位和团队围绕军方需求有针对性地开展基础研究工作。着眼实现"双重转变"的同步跨越，紧贴实施创新驱动发展战略，大力推动民口基础性、战略性、前沿性科学研究和共性技术研究成果的共享共用和双向转化，不断提高武器装备建设自主创新能力，发挥科技创新对经济社会发展和军队现代化建设的双重驱动作用，打通从科技强到经济强、军队强、国家强的通道，实现富国和强军的统一。

六是坚持制度保障。民口基础研究成果向国防领域的转化应用，是一项长期性、经常性工作，不是突击性、临时性任务。应充分考虑国家、军队发展实际，完善健全相关制度保障，以硬性要求、实在举动推动国家基础研究成果向国防领域转化应用工作又好又快发展。适应统筹经济建设和国防建设的特点规律，创新体制机制，完善标准规范，建立有利于加强组织领导、完善分工协作、实现资源共享、确保高效运作的政策法规体系，进一步完善军地沟通和协调、成果评估遴选、风险控制、转化激励补偿等机制办法，为统筹建设科学化、法制化、规范化发展提供制度保障，确保转化应用管理工作的科学性、针对性、有效性。

7.2 总体思路与目标

总体来看，实现民口基础研究成果与国防领域的交流互动与有效接轨，推动基础研究向国防领域的转化应用，仍然面临着管理体制、运行机制等方面的障碍。要解决这一核心问题，客观上需要从技术、经济、管理等方面科学统筹、长期促进，分阶段、分领域、有重点地逐步推进、反复迭代，将是一个较为长期的历史过程。在目前条件下，军方需要充分理解民口基础研究管理部门优先完成本职工作、不了解军事需求等客观实际，基础研究科学家追求自由探索、转化渠道不畅、受评价激励机制制约等现实情况，通过建立军事需求分解和降密公开发布渠道和平台、加强基础研究知识产权保护等多种举措，加强沟通、积极引导、主动启动，并在我国现行的管理体制下、充分考虑操作的可能性，围绕"一条主线"即"推进民口基础研究成果向国防领域的转化应用"这条主线，重点将架起"两座桥梁"、抓住"两个程序"、处理好"三个关系"、建好"四类平台"、注重"六个环节"、明确若干"试点领域"作为切入点，切实增强军民双方推动基础研究向国防领域转化应用的主动性、积极性。如图 7-1 所示。

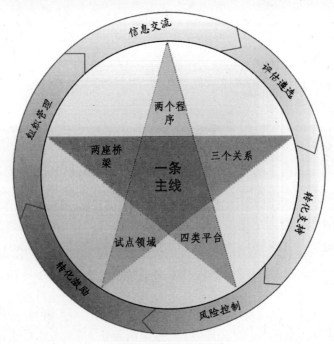

图 7-1　总体思路

架起"两座桥梁",即架起军方与"民口基础研究管理部门的交流衔接桥梁"和军方与"一线基础研究科学家的交流衔接桥梁"。深入充分的信息交流是军方的军事需求与民口的基础研究有效衔接的前提条件,是推动民口基础研究成果向国防领域转化应用的首要步骤。受军民科技长期分离发展的影响和军民双方管理体制的制约,军民双方信息交流不畅、缺乏衔接桥梁已经成为当前影响转化的重要因素,军方对民口基础研究情况缺少及时的了解和把握,民口基础研究管理部门和科学家缺少对军事需求的认识和理解,也缺乏推动转化的主动性和积极性,严重阻碍了转化工作的顺利开展。推动民口基础研究向国防领域的转化应用涉及军方科研管理部门、民口基础研究管理部门和一线基础研究科学家,应着眼国家军队科技发展的实际,架起"军方与民口基础研究管理部门交流衔接的桥梁"和"军方与一线基础研究科学家交流衔接的桥梁",牵引和推动民口基础研究管理部门和基础研究力量围绕军事需求开展转化应用工作。

抓住"两个程序",即抓住"国家基础研究计划制定程序"和"国防领域科研计划制定程序"。

(1)在国家基础研究计划制定程序中,涉及需求发布、指南发布等关键环节,需要重点加强的工作是提出并落实军方的具体技术需求,目的是充分发挥军事需求牵引作用,增强国家基础研究服务国防建设的针对性。具体包括:军方及时组织梳理、明确装备建设对基础研究的具体技术需求,进行解密处理后在国家基础研究项目指南中进行落实并对外发布,牵引项目申请单位围绕军方需求开展研究,项目评审中有意识引导并优先资助有国防应用背景的项目申请,通过项目受理过程中与军方的协调、聚焦,纳入到项目计划,并通过沟通协调对军方具体技术需求的落实情况予以确认。

(2)在国防领域科研计划制定程序中,需要重点加强的工作是从应用基础和应用技术的角度深化支持民口基础研究的成果,促进民口基础研究领域的研究成果转化应用于国防建设领域。具体包括:民口基础研究管理部门及时评价各领域的基础研究成果,筛选形成具有国防应用前景的研究成果目录,及时通报给军队科研管理部门,由军队科研管理部门组织军方专家,结合国防科研计划,在国家基础研究管理部门提供的研究成果目录中遴选出条件比较成熟、具备转化应用可能的基础研究成果,在国防科研计划中予以落实和支持,进而推动转化应用工作。

处理好"三个关系",即处理好"军方与民口基础研究管理部门的关系""服务国防与保障基础研究科学家利益的关系"和"转化应用和安全保密的关系"。

(1)关于处理好"军方与民口基础研究管理部门的关系",在现行科研管理体制和评价体系下,推动民口基础研究向国防领域的转化应用并没有纳入民口基础研究管理部门的工作范围,更没有纳入基础研究管理机构的工作评价体系之中，必须处理好军方与民口基础研究管理部门的关系，提高民口基础研究管理部门推动转化的主动性积极性。

（2）关于必须处理好"服务国防与保障基础研究科学家利益的关系"，在鼓励一线基础研究科学家积极推动成果转化服务国防建设的同时，应建立基础研究成果转化激励机制，对基础研究科学家的权益进行合理保障。

（3）关于处理好"转化应用和安全保密的关系"，要更新观念正确处理需求发布与安全保密的关系，建立科学可行的需求凝炼和密级设计机制，从保密的军事需求中凝炼出需要解决的基础理论问题并进行公开发布，牵引和推动转化工作有效开展。

建立"四类平台"，即建立"高层领导层面的交流会商平台""机关执行层面的定期协调沟通平台""专家层面的交流研讨平台"和"基础研究需求和成果征集反馈平台"。

（1）在宏观层面，建立"高层领导层面的交流会商平台"，推动军民双方科技管理部门高层领导之间的沟通协调，频度可以需要每年一次式者多次，目的是确定军民双方的合作意向与合作定位，明确具体合作的原则和方向，处理解决政策性、方向性问题。

（2）在工作层面，建立"机关执行层面的定期协调沟通平台"，推动双方执行机关之间在需求凝练、计划制定、指南发布、成果评价与成果转化等环节的协调和研讨。

（3）在专家层面，建立"专家层面的交流研讨平台"，包括自然科学基金委学部与军方相关对口专业组、军口专家和民口专家等层面的沟通协调，互相参加各自组织的专家交流活动,把握民口基础研究的整体态势及军事应用可能。

（4）在成果层面，建立"基础研究需求和成果征集反馈平台"，依托信息化技术和手段，建立面向广大一线基础研究科学家和军方基础研究转化管理部门的基础研究成果征集反馈网络平台，架起基础研究人员和军方相关人员沟通的桥梁和渠道。

狠抓"六个环节"，即重点围绕"组织管理""信息交流""评估遴选""转化支持""风险控制""转化激励"6 个核心环节和操作步骤，进行闭环管理、狠抓落实。推动民口基础研究成果向国防领域的转化应用，核心问题在于明确责任主体、打通交流渠道、建立转化桥梁、弥补转化鸿沟，从技术、管理等方面长期促进，分阶段、分领域、有重点地逐步推进、反复迭代，确保民口基础研究向国防领域转化应用的科学、有序展开。

明确"试点领域"，即优先选择若干民用基础研究相对较为先进、对国防科技和武器装备建设支撑作用比较突出的领域（例如空气动力学、计算机、通信与信息安全等领域）作为试点，摸索路子、积累经验，待其他领域条件成熟后再行推广。试点领域的重点工作包括：梳理、筛选、分解和发布军方具体技术需求，军方相关部门参与国家基础研究管理部门的指南讨论、项目研讨、成果评价等环节的重要会议，并在国家基础研究项目受理、考察研究团队、评价研究成果军事应用价值方面发挥作用，为军队装备预研基金管理部门制定基金计划提出决策咨询意见等。

贯彻落实新时期军民融合国家战略，从顶层上实现民口基础研究发展与国防和军队建设的统筹协调，建立以军方为主导、军民双方有效衔接的转化应用集中统一领导和分层实施机制，完善形式多样、顺畅便捷的信息交流渠道，建立健全配套衔接、科学有效的转化激励、风险控制和资助支持机制，形成体现不同类型基础研究特点、分类实施、标准规范的转化应用操作流程，在更大范围、更高层次、更深程度上实现民口基础研究向国防领域的转化应用，把国防建设根植于国家科技创新的总体布局。

（1）在组织管理方面。在国家层面建立基础研究发展和转化应用的统筹决策机制，完善军方主导、军民协调的转化应用集中统一领导和分层实施机制，建立高水平、专业化的转化管理机构和人才队伍，建立有效支撑基础研究向国防领域转化应用的咨询专家团队，为推动民口基础研究向国防领域的转化应用提供支撑。

（2）在信息交流方面。建立健全军方科研管理部门与民口基础研究管理部门的协调对接机制，完善军事需求凝炼和公开发布机制，建成开放便捷、安全可靠的国防基础研究需求发布和民口基础研究成果征集反馈平台，搭建军民之间有效、通畅、便捷的信息交流渠道。

（3）在保障机制方面。创新活动、产权保护、转化应用和资源共享等方面的法规制度基本健全，阻碍转化应用的制度障碍和政策壁垒基本消除。建立基础研究成果转化激励机制，形成宽容失败的转化应用氛围，充分激发各转化主体的内在潜力。构建积极稳妥的基础研究成果转化风险控制机制，为转化工作的有序、科学开展奠定基础。

（4）在转化支持方面。建立比较完善、符合国情军情的基础研究转化投入机制，形成相对稳定、有序衔接的转化资金支持渠道。形成涵盖联合资助、分阶段资助、定向资助等多种形式的转化支持模式，可对有重要潜在军事应用前景的基础研究项目从立项开始进行军民联合资助，对由民口资助取得重要突破、具有明确军事应用价值的成果采取后期补偿资助，对民口优势基础研究创新团队进行定向资助，推动其围绕军事需求开展自由探索。

（5）在转化流程方面。分别针对"知识形态""智性形态"和"物形形态"等不同类型基础研究成果的自身特点和转化应用的特定需求，探索建立分类实施、科学有效的转化应用流程和操作规范，切实提高转化工作的科学性、正规性和可操作性，为提高转化工作的成效奠定基础。

（6）在创新贡献方面。民口基础研究在重大国防建设和武器装备创新工程中发挥重要作用，对国防军队建设、国防科技创新和武器装备发展的支撑明显增强，对提高生产力和增强战斗力的贡献率大幅提升，成为支撑国防和军队建设不可或缺、不可替代的重要力量。

7.3 主要模式与方法

基础研究的成果一般不宜直接"拿来"使用，需要通过后期的研究开发、传播推广等手段转化为可直接应用的技术设备，进入人员的知识储备进而影响人的思维方式，才能最终在经济、生产、生活和军事等方面得到应用。基础研究成果进入经济社会和军事应用的方式就是基础研究转化应用的模式，相应地，民口基础研究向国防领域转化应用的模式就是指民口基础研究成果进入军事领域、产生军事效益的途径和方式。在这一过程中，承担具体研究工作的基础研究工作者和基础研究机构是成果供体，武器装备研制部门、作战部门等利用基础研究成果的机构是成果受体，从成果供体向成果受体转移的基础研究成果就是成果本体。基础研究成果转化应用的过程就是成果本体从成果供体向成果受体转移的过程，其中，基础研究采用何种模式转化应用由研究成果本体、供体和受体，以及外部环境共同决定。研究成果本体的形式，即基础研究的成果形态在这一过程中起着决定性作用，不同的基础研究成果形式，一般对应不同的转化应用模式，由此才能取得更好的转化应用效果，如图7-2所示。

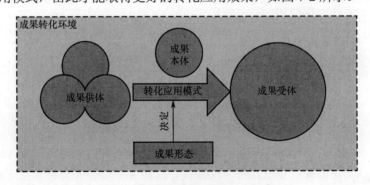

图7-2 基础研究转化应用示意图

成果形态是决定基础研究转化应用模式的关键因素，不同的基础研究成果形态具有不同的特点和转化需求，需要不同的转化应用模式。与基础研究的成果形式相对应，综合分析民口基础研究成果向国防领域转化应用的特点，推动我国民口基础研究向国防领域的转化应用可采取三种模式，即知识转移模式、人才转移模式和直接应用模式。其中，知识转移模式主要适用于知识形态基础研究成果，人才转移模式主要适用于智性形态的基础研究成果，直接应用模式主要适用于物形形态基础研究成果如图7-3所示。

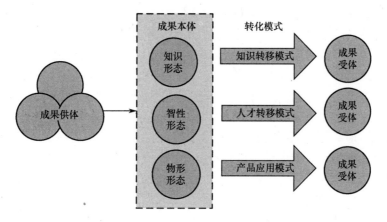

图 7-3　基础研究转化应用主要模式

1. 知识转移模式

简而言之，知识转移模式就是将"知识形态"成果向国防科研、军事人员等进行转移，为装备发展、作战指挥等国防应用提供支撑。"知识形态"基础研究成果主要包括新原理、新方法、新知识等，是一种显性的成果形态，可以以研究报告、技术报告、学术论文、公理定理等形式进行承载。"知识转移模式"是主要针对民口"知识形态"基础研究成果向国防领域转化应用的一种模式，即通过将民口成果供体的新发现、新理论、新规律等"知识形态"的成果本体以技术报告、研究报告等形式转移到国防领域，既可以为国防科技发展、武器装备建设等国防建设提供理论基础，还可以进入军事人员的知识储备、丰富军事人员的素质结构，通过对"人"的影响进而为作战指挥、军事对抗等军事应用提供支撑。由于"知识形态"成果是基础研究成果的主要形式，知识转移模式也是实现民口基础研究向国防领域转化应用的最主要方式。具体来讲，针对显性"知识形态"成果转化应用"知识转移模式"的实现可以通过三种主要途径来完成，如图7-4所示。

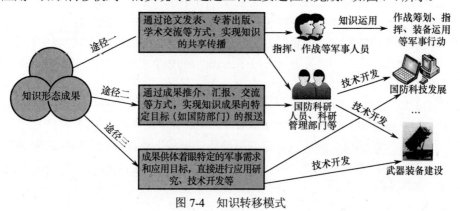

图 7-4　知识转移模式

途径一：民口成果供体通过论文发表、专著出版、学术交流等方式，将知识形态基础研究成果作为自然规律的发现进行公开传播扩散，把基础研究成果作为人类共同的宝贵财富在广域范围内实现共享交流。通过这种方式，一方面作战指挥、筹划等军事人员可以获取最新的知识发现，丰富自己的知识结构，完善自己的能力素质，进而在联合作战筹划、决策、军队对抗等军事行动中进行应用，最终实现基础研究成果向国防领域的转化应用。另一方面，国防科研管理部门、国防科研人员通过特定的机制、渠道、方法及时获取民口（甚至世界范围内）最新的基础研究成果，以国防和军队建设需求为牵引，对基础研究成果进行分析判断，挖掘可对当前武器装备发展、未来国防和军队建设产生重要支撑的基础研究成果，并由军方组织力量结合具体应用实践对其进行后续技术开发并应用于军事领域，实现基础研究成果到技术、再到军事应用的转化应用。核武器的发展就是这种途径的典型代表。在20世纪40年代开始核武器研制之前，大批科学家开展了系列基础研究工作，取得大量"知识形态"研究成果并公开发表。如1896年法国物理学家贝克勒尔发现放射性现象；1898年，居里夫人发现了新的放射性元素钋和镭；1902年，居里夫人经过4年的艰苦努力成功分离出毫克级的高纯镭；1905年，爱因斯坦提出了著名的质能转换公式 $E=mc^2$（c 为光速，E 为能量，m 为转换成能量的质量）；1938年，德国科学家哈恩与其助手斯特拉斯曼用中子轰击铀原子核，发现了核裂变现象，实现了人工核反应。这些基础研究成果都以文献的形式公开发表，任何国家和个人都能获取这些成果，是典型的"知识形态"基础研究成果。美国军方获得这些基础研究成果后，组织力量开展了"曼哈顿"工程，解决了一系列技术问题，最终研制出原子弹。

途径二：民口基础研究科学家在研究过程中，基于对创新成果的深刻认识和科学把握，以及对军事需求和国防应用的理解掌握，可能会前瞻性发现其研究成果对国防领域的重大意义或在装备建设中的创新作用，由此基础研究科学家等成果供体会主动通过成果推介、参加军方组织的交流活动、加强与军方的交流汇报等方式，主动把自己的创新成果向国防科研职能部门进行报送，以实现成果本体在国防领域的应用，最终实现民口基础研究成果向国防领域的转化。如美国国防部定期召开"关于新兴技术的国防科技研讨会"，以促进军方、科技工业界、学术界之间就有军事应用潜力技术的开展对话和交流；美国国防信息技术中心成立"虚拟技术博览会"，为科技界向军方提供各种新兴科技信息创造条件；英国国防鉴定与研究总局每年举行"探索者情况通报会"，为科技界向英国国防部提出基础研究发展及转化应用的建议提供正式途径；美国依托先进的信息化技术和网络基础设施，通过建立 DoD TechMatch、TechLink Center 等网络平台为科技工作者向军方推介基础研究成果提供渠道等，都可以归类为此种途径。

途径三：民口基础研究科学家等成果供体在取得创新成果后，通过主动或被动与军方相关科研职能部门的沟通交流，使基础研究成果的军事应用价值得到了军方的关注，在军方的支持和资助下，成果供体着眼特定的军事需求和应用目标，直接在基础研究成果的基础上进行应用研究、技术开发等科研活动，获取对装备发展、国防应用具有重要价值的技术创新、装备应用等，最终实现基础理论成果向国防应用实践的转化应用。如国防科技大学自主驾驶创新团体先后承担了"未知环境中移动机器人导航理论与方法""高速公路车辆智能驾驶中的关键科学问题研究"等国家自然科学基金重点项目，围绕无人系统信息与控制技术等相关基础理论开展研究，取得一系列应用基础研究成果。2011 年 7 月，首次完成了从长沙到武汉 286 km 的高速全程无人驾驶实验，标志着我国无人车在复杂环境识别、智能行为决策和控制等方面实现了新的技术突破，达到世界先进水平。以此为基础，研究团队瞄准西藏高寒山区日常巡逻的需求，主动与军方沟通，研制出适用于西藏地区的无人巡逻车，实现了基础研究成果向武器装备的转化应用。又如，2004 年，美国 David Donoho，Emmanuel Candes，Justin Romberg，Terence Tao 等基础研究人员提出了"压缩传感理论"这一新的信号采样理论，2007 年以此为基础直接承担了军方的雷达改造任务，为美军装备建设提供了重要支撑。

上述"知识转移模式"的三种实现途径，除了第三种途径外，均要求军方对成果本体具有较好的理解力和应用开发支撑条件。其中，在第一种、第二种转化途径中，成果供体一次性将基础研究成果移交给成果受体，后续环节一般不需要深度参与，可以大幅减少民口基础研究人员的后续负担，具有明显的专业化分工特点，擅长理论研究的基础研究科学家只需承担基础研究任务，擅长技术开发的科技人员只需在基础研究成果的基础上进行二次技术开发，架起了基础研究与军事应用之间的桥梁，专业化分工使得基础研究和技术开发都能保持较高的效率。

2. 人才转移模式

人才转移模式指的是让"智性形态"成果直接参与国防领域工作，为装备发展、军队建设和军事对抗等提供支撑。基础研究除了产生易于扩散的"知识形态"成果和可直接应用的"物形形态"成果外，也会产生大量不易扩散的"智性形态"成果，即培养大量具有丰富的科学知识储备、经历过高水平的科学研究训练、掌握基础研究成果的科研人员。"人才转移模式"主要针对"智性形态"这种"人"化的基础研究成果的转化应用，是指掌握大量隐性知识的基础研究人员直接参与国防领域工作，为装备发展、军队建设和军事对抗等提供支撑，进而推动隐含于"人"的基础理论、知识储备等成果向国防建设和军事斗争的转化应用。根据成果供体承担任务的不同，人才转移模式主要通过两种途径来实现如图 7-5 所示。

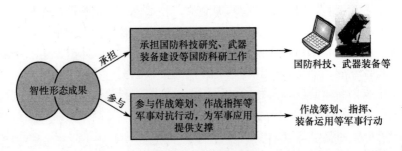

图 7-5　人才转移模式

途径一：民口基础研究培养的沉淀了大量科学理论知识、具有丰富研究创新技能和综合解决问题能力的基础研究科学家和创新人才直接承担国防科技发展、武器装备建设等国防科研工作，在承担国防任务的过程中，把科学家长期积累的"隐形""不易扩散"的知识向国防领域的转化应用，为国防和军队建设提供支撑。"人才转移模式"是民口基础研究向国防领域转化的重要模式。如在我国"两弹"研制过程中，大量民口基础研究力量参加了相关研究工作，为研制计划的成功作出了巨大贡献。一是民口基础研究人员直接加入"两弹"研制队伍，承担基础研究和技术研发工作。1958 年 7 月，中国科学院近代物理研究所改名为中国科学院原子能研究所，开展核技术研究。1960年上半年，原子能所发展到 4300 多人，在核物理、反应堆物理、钚化学、同位素分离等 20 学科 60 个学科分支开展工作，逐步建成为一个比较完整的综合性科学技术研究中心，为我国自力更生发展核工业、研制核武器奠定了人才和技术基础。1960 年 1 月，中央为国防部五院补充有实际工作经验的技术骨干 100 名，大学毕业生 4000 名，中等技术学校毕业生 2000 名。与此同时，还批准从全国各地区、各部门选调数百名高、中级科技骨干和工程技术人员参加原子弹的研制工作[①]。在此期间，国家还陆续为核武器研究所增调了数十名研究生、数百名大学毕业生和数千名工人，保证了核武器研制的需要。二是民间科研机构承担了大量"两弹"研制过程中的基础研究项目。1961 年，国防科学技术委员会与中国科学院商定，分别组成两个协作小组，及时解决国防科技发展中出现的问题。中国科学院为此动员了 30 多个研究所的大部分力量，承担了 300 多个科研项目的协作任务，大大加强了国防科技的攻坚力量，加快了相关武器装备发展进度。近年来，随着武器装备科研生产向民口开放程度的不断提升，越来越多的基础研究人员直接参与国防科技研究，这

---

① 中华人民共和国科学技术部. 中国科技发展 60 年[M]. 北京：科学技术文献出版社，科学出版社，2009.

种途径在民口基础研究成果向国防领域转化应用中扮演越来越重要的角色，发挥越来越重要的作用。

途径二：具有丰富理论知识储备的民口基础研究科学家直接参与军方的作战筹划、作战指挥、资源调配等军事活动，为满足军事需求提供支撑和保障，实现了民口基础研究成果向潜在的、紧急的军事应用的转化。如第二次世界大战太平洋战争初期，美军舰船屡遭日机攻击，损失率高达62%。美军紧急征调大批数学家对477各个战例进行量化分析，得出两个结论：一是当日军飞机采用高空俯冲轰炸式，美舰船采用急速摆动规避战术的损失率为20%，采取缓慢摆动的损失率为100%；二是当日军飞机采取低空俯冲轰炸式，美军舰船采取急速摆动和缓慢摆动的损失概率都为57%。美军根据对策论的最大最小化原理，从中找到了最佳方法：当敌机来袭时，采取急速摆动规避战术。据估算，美军这一决策至少使舰船损失率从62%下降到27%，取得了显著的作战效果[①]。同样是在第二次世界大战时期。1942年10月，巴顿将军率领4万多美军，乘100艘战舰，直奔距离美国4000km的摩洛哥，在11月8日凌晨登陆。11月4日，海面上突然刮起西北大风。惊涛骇浪使舰艇倾斜达42°。直到11月6日天气仍无好转。华盛顿总部担心舰队会因大风而全军覆没，电令巴顿的舰队改在地中海沿海的任何其他港口登陆。巴顿回电：不管天气如何，我将按原计划行动。11月7日午夜，海面突然风息浪静。巴顿军团按计划登陆成功。事后人们说这是侥幸取胜，这位"血胆将军"拿将士的生命作赌注。其实，巴顿将军在出发前就和气象学家详细研究了摩洛哥海域风浪变化的规律和相关参数，知道11月4日至7日该海域虽然有大风，但根据该海域往常最大浪高波长和舰艇的比例关系，恰恰达不到翻船的程度，不会对整个舰队造成危险。相反，11月8日却是一个有利于登陆的好天气。巴顿正是利用科学预测，抓住"可怕的机会"，突然出现在敌人面前，取得战争的胜利[①]。

3. 直接应用模式

直接应用模式指的是"物形形态"成果直接应用于国防领域。"物形形态"成果是基础研究过程中产生的新材料、新仪器、新设备等可直接应用的物化成果。"直接应用模式"主要针对"物形形态"成果向国防领域的转化应用，是指民口成果供体将物形形态的基础研究成果直接移交给军方，由军队将其直接应用于国防科技发展、武器装备建设和国防建设等领域，实现基础研究成果直接应用于军事领域的转化应用模式。由于基础研究产生的物形形态成果相对比较有限，这种转化应用模式的运用也较少，材料领域基础研究成果的转化是这种转化应用模式的典型代表。如光纤光栅传感材料与器件研究成果直接应用于光

---

① 张国权，张轶铭. 成功运用数学的海上作战[J]. 国防科技，2007（3）：11-12.

纤，高性能聚丙烯腈基碳纤维的基础研究为高性能武器装备的研制提供了高性能的碳纤维，钛铝金属间化合物材料的研究成果直接应用于坦克的涡轮增压器，显著提升其动力。20 世纪 20 年代，美国化学家卡罗瑟斯在高分子化学的基础研究过程中发明了聚酰胺（俗称尼龙），其具有很好的强度、韧性、弹性和耐水性，在第二次世界大战中广泛应用于制造降落伞、飞机轮胎的帘子线、滑翔机托绳等作战物质，取得了很好的作战应用效果[1]。

---

① 刘立. 基础研究政策的理论与实践[M]. 北京：清华大学出版社，2007：46.

第8章 推进转化应用需重点关注的若干基础研究领域

总体上判断，当今世界处在新科技革命的前夜，世界科技发展即将进入后IT时代，呈现绿色、智能、泛在等基本特征，建立在互联网、新材料、新能源等相结合基础上的第三次工业革命正在世界范围内迅速兴起，在物质能量的调控与转换、量子信息调控与传输、脑与认知、地球系统的演化等科学领域，在能源、信息、先进材料等关系到国民经济和国防现代化进程的战略领域，一些重要的基础科学问题和关键技术发生革命性突破的先兆已经显现，将对社会、政治、经济、科技特别是军事领域产生深远影响。

每一次军事革命都与科技革命紧密相连，伴随着科技革命的兴起而兴起，伴随着科技革命的深化而深化。从历史上看，人类历史上已经发生和正在发生的重大军事革命都是在科技革命的基础上孕育和发展的。18世纪中叶，以蒸汽机为标志的科技革命，推动了冷兵器战争向热兵器战争的变革；19世纪30年代，以电力、电信和内燃机发明为主要标志的科技革命，直接推动了热兵器战争向机械化战争的变革；20世纪中后期，以电子计算、信息网络的出现为标志的科技革命，推动了机械化战争向信息化战争的变革。随着新一轮科技革命的深入发展，世界新军事革命进入加速发展新阶段，"平台无人、系统有人"的无人化特征将成为下一阶段信息化战争的重要标志，复杂系统、控制系统、自主系统、复杂电磁环境等技术与信息技术深度融合，战争形态、战争制胜机理将发生深刻变革。基础研究是新科技革命的重要组成部分，将获得空前发展和应用，物化出更加高效和更具威慑能力的武器装备，对武器装备、军事理论、体制编制和战争形态产生广泛而深刻的影响，在巩固国防和维护国家利益方面发挥更为突出的作用。

武器装备发展正处于由"跟踪模仿"向"创新超越"转变的关键阶段，对国防科技的自主创新能力提出了新的更高要求。基础研究是提高自主创新能力的核心，必须把基础研究放到更加重要的位置，对与国防和军队建设密切相关的重要基础研究领域进行持续、稳定的探索研究，推动民口基础研究向国防领域转化应用，积极抢占未来发展的战略主动。

8.1 应用数学领域

数学是研究现实世界数量关系和时空形式、复杂系统结构、演化和控制规律的科学，是国防科技乃至整个科学技术的基础，其理论与方法的突破将为解决武器装备和国防科技发展重大关键问题提供前瞻性、战略性的科学理论支撑。

应用数学将在基础理论、计算与应用、系统科学等方面加速发展，与其他科学的交叉融合将更加深入、应用范围将不断扩大，核心数学、计算与应用数学、海量数据处理理论、超大规模科学工程计算方法、战场环境中的非线性演化方程理论等研究方向将不断取得突破，有效支撑武器装备设计、效能分析与试验鉴定，以及精确打击、导航定位、信息安全等方面能力发展的需求，为军事系统实现最优控制与高效管理等提供行之有效的集成方法，对军事决策、后勤保障、资源管理等方面产生关键支撑作用。基础理论主要沿代数学和方程理论两个传统方向发展，代数学发展最重要的特点是表示理论的综合统一发展以及代数学各研究方向之间的相互交叉和渗透，有限群、代数群、量子群、Hecke 代数、李代数、代数 K-理论等逐步密切结合；方程理论中动力系统的研究有望取得突破，进而推动复杂系统的动力学机理研究。计算与应用逐渐从定性向定量发展，计算领域将向大规模和高性能发展，并行计算、高精度模拟和多尺度计算等高效计算方法将取得突破，为达到"全物理、全系统、三维、高分辨、高逼真"的数值模拟提供支撑；应用领域将重点在统计学、随机分析和运筹学等方面取得突破和进展。统计学由记述统计向推断统计发展，统计预测和决策科学成为发展热点；随机微分几何与无穷维随机分析，应用随机分析，随机介质问题，量子概率成为随机分析的发展热点，其突破有望推动量子科技的突破；巨大复杂性与不确定性的大规模系统的运筹优化的理论与应用成为运筹学的发展重点，并有望在联合作战规划、风险分析与评估、武器装备研制与效能评估、军队后勤管理、战斗力资源配置、部队作战行动等重要方面发挥重要作用。系统科学展现出了蓬勃的生命力，其研究核心为复杂性，研究范围主要包括两类，一类属于原理性研究，包括系统动力学、大尺度和多尺度分析、基于状态的系统建模、反馈、控制；另一类属于应用研究，包括系统理论在金融、军事、商业、疾病控制、医药学、生物基因、社会学、工业战略决策等方面的应用。智能引擎搜索结合了人工智能技术，除了能提供传统的快速检索、相关度排序等功能，还能提供用户兴趣自动识别、内容的语义理解、智能信息化过滤和推动等功能，自动从网络资源中检索出对用户最有价值的信息，提升信息利用效率。数学与其他学科的交叉与应用的研究重点主要包括重要的数学物理方程，复杂系统的多尺度建模，随机复杂结构与数据科学的理论与方法，机器智能与数学机械化，生命科学中的数学方法，管理科学中的数学方法等，为相关学科的发展提供理论和方法支撑。

8.2 物理学领域

物理学是研究物质结构、相互作用、运动变化的基本规律及其应用的科学，是科技创新和技术进步的主要源泉，几乎所有武器系统的产生和发展，都和物理学的突破密切相关。物理学特别是现代物理学的发展，为核武器、激光武器、微波武器、粒子束武器、等离子体武器等新概念武器的发展打下坚实的基础，运用物理学规律和新现象解决国防科技和军事工程中重大技术难题和核心关键技术，将为国防科技和武器装备的创新发展提供基础性和原创性的推动力。

物理学研究将在物质结构调控、新物质设计合成、新奇物态研究等方面不断取得突破性进展，催生出一批新机理武器装备。高能量密度物理和信息物理是物理学研究中与国防科技和武器装备发展密切相关的两大范畴。高能量密度物理是核武器、激光武器、粒子武器等新型武器装备及其破坏机理的物理基础，它的发展能够解决高效杀伤性武器的可持续发展这一根本问题。高能量密度物理朝着更高能量密度的获取、研究和应用的方向发展，向着由超强激光、强流粒子束等产生更极端物理条件的原理、方法、过程和应用的研究方向发展，探索具有更高能量密度的新一代杀伤性武器小型化、精密化的物理基础，可能催生出新型高效能源、新一代核武器与粒子武器。超快激光技术将进入亚阿秒尺度，大功率激光器的强度将达到 10^{30}W/cm^2，惯性约束核聚变研究将实现点火，磁约束核聚变研究将进入工程实施阶段，夸克-胶子等离子体将在实验室得到产生，反物质的探索将促进第四代核武器的发展，暗物质、暗能量研究的突破将可能导致一场新的物理学革命。信息物理的发展方向是研究新型的信息获取、传输和处理的原理、方法和途径，探索具有更高空间分辨率和时间分辨率的信息技术物理基础，谋求支撑武器装备的更高智能化、作战指挥的更高自动化、决策部署的更高精确化，并将在光频标、新型光谱、量子信息、光计算、太赫兹、纳米物理等领域取得突破。太赫兹源、太赫兹器件、太赫兹探测、太赫兹通信等太赫兹技术将逐渐发展成熟并走向实用，战场监测范围、手段和技术将更加完善，为增强战场感知能力供新途径，为武器装备核心部件检测和生化战剂探测提供新方法，为空间通信提供新手段；量子态及其调控、量子态紧密测量、量子结构器件、量子计算、量子保密通信、量子成像等量子信息技术的突破，将孕育未来信息领域的革命，有望成为后摩尔时代的新一代信息技术之一，将使未来军事信息系统的安全性、高性能并行计算能力以及武器装备机动性、控制能力等得到极大提高；光频标将取得重大进展，突破 10^{-18} 量级，实现高精度星载光钟，使得军事导航与定位精度达到前所未有的高度，大幅提高军队的定位、导航、预警和精确打击能力；10nm 以下，甚至亚纳米尺度和原子分子尺度的纳米电子学，实现大规模集成纳米电子电路，以及纳米电子电路和常规

MOS 电路的集成是纳米物理的发展重点，其突破将为信息科技的发展奠定坚实的物质基础，推进军队信息化建设。

8.3　应用力学领域

应用力学是有关力、运动和介质（固体、液体、气体和等离子体）的宏/细/微观力学性质的学科。力学研究有利于理解和控制武器装备应用所产生的复杂现象，有助于设计出新的武器、平台和子系统，满足作战性能和效能的需要，是武器装备技术研究与发展的重要基础。其主要分支学科包括：一般力学与力学基础、固体力学和流体力学。一般力学与力学基础主要研究离散系统的运动和演化规律，广泛应用于研制新武器装备和改进在役的武器装备；固体力学主要研究材料与结构的变形、损伤、断裂和破坏的规律，广泛应用于武器装备的设计、改进、维修与防护；流体力学主要研究流体介质的流动和相应的动量、能量和物质输运的规律，在航空航天工程、水面和水下武器装备系统发挥着重要作用。应用力学将不断向微观与宏观拓展，与工程技术结合将更加紧密，有效满足武器装备设计、制造和效能发挥的需要。

随着科学技术的不断发展，力学研究所涉及对象的复杂性越来越突出，出现了一系列处于科学前沿的新问题和新领域，力学体系正孕育着重大变革。力学学科与其他学科的交叉越来越明显，应用力学与现代数学、物理、化学、生物、材料、微电子学等学科交叉融合的广度和深度不断拓展和深化。力学将不断实现微观与宏观、力学与工程技术的结合，计算力学与先进实验技术将更加得到重视，有效支撑力与热、电、磁、声、光、化学及生命领域相互作用的研究。湍流、非定常流动及控制，复杂介质及超常环境流动，非线性系统的复杂动力学与控制，微纳米力学，新型材料与结构的多场耦合力学，跨尺度力学和生物力学等将成为应用力学发展前沿，将为航空航天、海洋环境下武器装备设计、核工程、气候与环境等领域的关键力学问题的解决提供支撑。水下超空泡流体力学、超常服役环境下的固体强度与破坏机理、高超声速及高温气体动力学等基础理论将得到重大突破和进展，有效满足水下武器装备、临近空间飞行器等先进武器装备对力学研究的需求。空间再入气动物理和气动力学将向大型高超声速风洞、纳米技术与激光技术的综合应用、超大规模并行计算实验等方向发展，满足未来新一代载人航天系统及临近空间高超声速飞行器发展需要。

8.4　化学领域

化学是在原子、分子水平上研究物质的组成、结构、性能以及相互转化的科学。它既是自然科学的一个重要分支，也是包括生命科学、材料科学、能源科学、环境科学等在内的其他科学分支的重要科学基础和基本组成部分，对国防科技和武器装备的发展起着极其重要的支撑和推动作用。

在军用领域，化学研究将以新物质的设计、合成和性能优化为主线，在高效含能材料、碳化学、信息化学、仿生化学、环境化学和反恐化学等方向不断取得突破和进展，逐步实现分子设计、物质合成、反应机制的创新发展，有效满足常规武器的高效毁伤、国防关键基础物质制备、新一代军事信息理论探索、军事仿生基础理论研究、战后环境治理与特种环境安全、反恐及特种作战用非致命性武器等方面的需要。高效含能材料将在高活性金属储能材料、全氮含能材料、金属氢含能材料等取得突破，使常规武器的毁伤效能实现惊人的提升，从根本上改变战争形态和作战式样。碳化学将从分子角度阐述碳材料性质及其调控技术的化学本质，碳纤维和碳化硅纤维性能大为提高，C60 和碳纳米管实现装备应用，大大提高武器装备的作战性能。信息化学将在新型化学传感器及生物化学信息探测与制导等领域取得突破，生化传感器件将突破集成化技术瓶颈，基本实现微型化、实时化和多能化，推动战场探测能力的大幅提高。仿生化学研究将不断取得理论突破，仿生的生物化学机制研究和系统集成将取得重大进展，推动军事仿生技术在多个领域取得重大进展和应用，使得仿生技术成为军事高技术革命的重要一环。环境化学将不断向深度和广度拓展，生物化学制剂的反制作战能力将逐步形成和完善。反恐化学将在毒物侦检洗消的特效化学制剂、适于特殊环境下攻坚破障的新型火工品、用于解救人质的非致命性生物化学战剂、安全驱散人群的人员刺激剂等方面研究取得重要突破，推动非致命性生物化学战剂向实用化、高效化、多样化方向发展发展，有效提高反恐反制和防御作战能力。同时，化学学科与其他的学科领域的有机结合将继续成为现代科学技术发展的重要特点，生物和生命成为化学领域研究和应用的主流，基于生物和化学等多学科交叉将成为化学发展的重要领域和新的增长点。

8.5 空间科学领域

地球稠密大气层之外的空间区域，简称空间，包括太空和临近空间，起始于传统航空领域的末端（约为 20km 左右），延伸至广袤的宇宙空间。空间应用科学是以空间为研究目标的综合性、交叉性前沿学科领域，主要通过对空间的物理化学等方面问题的研究，为探索空间科学各个学科领域和相关技术的发展奠定基础。空间科学对于发展空间装备、提高航天器空间生存能力和效能、维护国家空间权益具有重要意义。

空间科学将全面加速发展，不断取得革命性突破，在快速进入、有效控制和利用空间方面发挥重大作用，成为未来军事能力提高和发挥的重要保证。空间环境科学向环境预报全面化、和多种预报模式相结合方向发展，临近空间环境研究不断得到重视，空间环境预测和保障能力将得到不断提升，对于卫星、空间站等航天器空间生存能力的提高和武器装备作战效能的发挥，提高卫星、飞船、空间站、弹道导弹和其他航天器的设计水平具有重要推动作用。遥科学研究将向着技术标准化、实用化方向发展，人体感知和行为机理、遥现场致感致动理论与方法等将取得重要进展，遥现场和遥操作能力将得到不断提高，有效满足科学与应用卫星、不载人轨道平台、行星探测器以及空间搭载实验对遥科学的需求，提高航天器上仪器设备的工作可靠性和科学效益，并将实现空间交会对接、航天器在轨维护、航天器回收、航天器拦截、空间作战等方面能力的提高。深空探测研究将取得重要进展，太阳活动的准确预报能力将大幅提高，从而对于航天、通信、卫星定位等技术领域产生极大的推动，尤其是对于远离地球的深空探测活动具有重要的保障作用，有效满足载人航天和月球探测的需求。

8.6　海洋科学领域

海洋科学是研究海洋的自然现象、变化规律，及其与大气圈、岩石圈、生物圈的相互作用和开发、利用、保护海洋有关的知识体系。海洋科学研究提供的基础知识，将大大影响海军的海上作战能力及有效使用传感器和武器的能力，提高海军对敌人水下系统和活动的探测、分类和研制的能力，增强系统设计、作战战略和战术决策的能力。

随着人类海洋活动和应用的不断拓展，海洋已成为未来资源争夺和军事对抗的新焦点，海洋科学领域呈现出加速发展的态势，海洋热力学、海洋光学、海洋电磁学、中/小尺度海洋动力学等基础理论的研究将不断取得新的突破，人类对海洋运动机理的认识将更加透彻，人类认识海洋、利用海洋的能力将不断提高。水声物理研究向实现海洋水声环境的精确探测，进行复杂海洋环境下声场理论研究，开发出更高精度的声传播模型、混响和环境噪声模型的方向发展，为高性能声呐，潜艇水下作战提供理论支撑。武器系统海洋环境效应理论和方法的突破和发展将使探测器、武器系统和舰艇的研制人员及作战人员了解环境对海军武器装备的性能和作战效能的影响，从而使设计达到最优化。海洋环境监测研究将向高精度，高灵敏度、全天候、立体、连续、长时间监测方向发展，显著提升对海洋环境的认识精度。海洋预报研究的发展趋势是通过发展弱约束四维变分同化和集合卡尔曼滤波等先进的资料同化方法，加强多源数据的融合和同化，开发新的预报模型，提高预报模型的精度，从而提高海洋环境预报的精度和时效性。水中目标探测与识别、水下通信、水声对抗等方面将取得突破，多功能的新型水下智能信息网将发展成熟，不断满足海军作战需求和水声对抗装备的发展。"深海工程"将成为未来主要探索方向，深海无人潜航器未来可望在性能稳定性、系统集成等方面产生突破，向着无人值守、长期、多参数观测方向发展。

8.7　地球科学领域

地球应用科学是人类认识行星地球、地球环境的形成、演化规律与人类利用、管理地球以服务于人类进步的科学知识体系，包括地球物理、军事气象、地理信息科学等。地球应用科学的发展和突破对于解决人类生存与可持续发展中的资源供给、生态保护、环境优化、防灾减灾和国家安全等重大问题具有重要意义。

地球应用科学研究将更加具有针对性，研究的组织化、规模化、平台化程度不断提高，更加强调广泛采用最新观测、监测、探测、实验、分析、模拟等现代技术和研究手段，地球演化和变化的基本过程和规律将会在更广泛的空间尺度和时间尺度上被揭示和阐明，人类管理地球的能力将得到持续不断的提高，为目标精确定位、军用测绘、战场环境监测预报、地下结构探测等能力的提高提供重要支撑。地球物理研究将呈现出明显的大科学特征，地球物理场观测手段向立体化、综合化方向发展，地球物理场建模向高精度高分辨率动态化方向发展。重力学研究将突破传统的三维领域向四维领域扩展，重力场测量数据向高精度、均一化方向发展；地磁测量技术向卫星地磁测量技术方向发展，地磁模型和地磁图向高精度高密度方向发展；新概念地磁导航技术将向实用化和普及化方向发展。军事气象研究向测量手段立体化、预报模式精细化、信息应用智能化方向发展。气象探测将呈现以天基探测为主，天基、空基和地基探测一体化融合的发展趋势，面向气象环境的信息获取能力将显著增强；数值天气预报向高精度、全时效、精细化和多系统耦合方向发展，观测与预报有机结合的新型预报系统将成为发展方向；气候变化预测将成为国家安全必须关注的热点问题；气象水文保障辅助决策将具备对战略、战役、战术各层次军事行动指挥决策支持和及时响应能力。地理信息科学将呈现出理论化、工程化和学科交叉泛化的发展特点，地球信息工程和应用将呈现出信息标准化、信息表达多维化、技术集成化和智能化的发展态势。信息获取手段朝着多平台、多传感器、高分辨率、高光谱、多时相和快速机动的方向发展；遥感数据处理和提取向高精度、智能化和自动化方向发展；空间信息可视化与地理环境虚拟现实技术将向通用化、实用化方向以及与 GIS 集成的一体化方向发展；空间数据挖掘和知识发现向智能化方向发展；地理信息系统运行向网格时代跨平台、互操作、资源共享和协同解决问题方向发展；空间数据不确定性将由理论研究向空间数据质量评价与控制的实用化发展。

8.8　生物及生物交叉科学领域

生物科技是以生命科学为基础，利用生物的特性和功能，设计、构建具有预期性能的新物质，以及与工程原理相结合，加工生产有关产品或提供服务的综合性科学和技术。生物科技具有鲜明的军、民两用性，是新科技革命和新军事变革的核心驱动力之一。

生物科学技术将以惊人的速度发展，在解析生命本质、模仿生物行为、创制人造生命等方面得到深入研究，并快速渗透到军事领域的方方面面。其军事应用已经不再局限于生物武器的研发，扩展到了信息安全、指挥通信、战场感知、能源保障、新概念武器设计等多个军事应用领域，创造出全新的技术发展途径，其发展水平将成为影响战争进程的重要因素，未来将对新军事变革产生重要的影响。从发展趋势上看，生物、认知、信息、纳米四大技术的融合将是未来的主流发展方向，促使武器装备向微型化、智能化、高效能、高可靠性方向发展，一批更加高效的新型武器装备将会陆续出现，成为推动军事变革的技术基础。脑科学与认知科学将在脑机接口、基于认知机理的身份识别以及大脑思维活动读取、解析与干预等技术方面取得重大突破，可能引发信息表达与处理方式新的突破，继计算与网络融合、计算与物理系统融合之后，实现计算与智能的融合，为武器操控提供全新的人机一体化高效工作方式，大大提高作战人员和武器的综合作战效能。未来脑机接口技术发展趋势将在以下几个方面进行研究：选择更合适认知任务和功能模型，研究更好的信号处理算法和反馈方法，提高其复杂环境的适应性和系统的易用性；大脑活动解析技术将侧重于科学训练、科学决策及情报获取上的应用研究。军事仿生技术军事仿生技术通过模仿生物系统的原理和功能并应用到武器装备中去，已经出现了一些实用化的成果，创造出全新的技术发展途径。美国国防部、海军、空军和国防高级研究计划局均将军事仿生学的研究列为重点任务，主要研究方向包括：仿生材料、仿生运动机械、仿生探测、仿生导航与控制、仿生信息处理和人工智能、高级智能机器人。未来将在仿生材料与制造、仿生控制、仿生感知与信息处理、仿生导航制导、仿生伪装隐身等方面取得突破，对武器装备发展产生重要影响，从而推动作战方式、军事理论和作战编成的变革。合成生物学将在生物分子合成、整合、复制以及代谢网络形成与调控等方面不断取得进展，实现单细胞生命的合成及"细胞工厂""分子机器"的人工改造，打开从非生命化学物质向人造生命转化的大门，可能导致生命科学和生物技术的重大突破，对军事领域产生革命性影响。生物传感器技术将得到重点发展，为解决生物和化学武器检测、依托生物手段的侦察、战场及其他军事作业环境监测问题提供重要技术手段，进一步提高生物战剂检测能力、预警和信息处理能力、战伤防护和救治能力等。基因技术的突破将使人类具备控制基因信息的能力，实现对某些基因的有目的的改变、改造或攻击，从而对传统的作战方式和军事理论产生新的影响。生物材料将以其重量轻、强度高、结构精细、性能特异等特点，有望在各种军事装备制造中得到应用。

8.9　信息科技领域

信息科技是支撑武器装备信息化水平提升和军队信息化建设的基础科学技术。发展信息技术，争夺信息优势，夺取制信息权，已成为当今军事领域激烈竞争的关键所在。

当前，不论是集成电路、高性能计算机，还是互联网和存储器，2020年前后都会遇到只靠延续现有技术难以逾越的障碍（信息技术墙），必须依赖信息技术及其支撑科学技术的新发现和原理性突破，探索攻克"信息技术墙"的核心技术，信息科学技术正在酝酿新的重大变革，尤其在元器件技术、计算技术、软件技术、网络技术、通信技术等信息科技基础领域，传统技术加快更新换代，新型电子元器件、量子信息、机器智能、物联网、云计算等新兴信息技术的发展和影响已初见端倪，以信息交叉科学、网络科学、智能科学为特征的信息科学革命正在兴起。新一代信息科学技术的发展，将不断促进武器装备数字化、网络化、智能化和一体化趋势迈向更高的形态，进而引发信息化军队建设和战斗力生成模式的深入变革，为新军事变革不断向纵深发展提供巨大的推动力。新型电子元器件技术将进入纳米、三维、多功能集成时代，宽禁带半导体器件、光电子与光子器件、碳纳米管器件、石墨烯晶体管、原子级存储器、忆阻器与忆阻系统等新型信息器件将不断取得突破，硅基 CMOS 将达到 10nm 尺寸极限并可能被碳基 CMOS 取代，摩尔定律将不断得到延续、扩展和跨越，极大地促进新型电子信息装备的发展。计算机技术将向高效能、构件化、新概念体制、智能化方向发展，将实现泽级（10^{21}）超级计算，光计算、量子计算、生物计算等新概念计算技术将得到重大突破，极大提高计算速度和信息处理能力，有效满足先进武器装备研制和国防安全对高性能计算的需求。软件技术将向网络化、协同化方向发展，基础软件与高可信软件、高端应用软件技术、超大规模系统软件等将成为未来的研究重点；服务、高可信、智能、网络、协同将成为共性软件技术发展中最具影响力的因素，嵌入式共性软件向智能化和构件化方向发展，软件自治能力快速提升。大数据技术向高效、集成、共享、安全方向发展，将在大数据管理、大数据分析、大数据服务、大数据安全等方面取得突破，大数据的建设和应用已成为军队打赢未来信息化战争所必备的重要战略能力，未来战争将步入大数据时代。网络技术将向自组织、分布式、网格化和泛在化方向发展，下一代互联网将在重叠网、无线移动、云计算等方面取得突破，后 IP 时代的新型网络体系和智能化网络体系（U-INS）将得到积极探索，移动自组织网络、全光分组交换网络、可预测的智能泛在传感器网络等新一代网络体系将逐步发展成熟，有力支撑信息作战、侦察预警、指挥通信能力的提高，物联网（数字物理系统）和传感器网络将可能在军事领域得到大规模应用和普及，成为支撑"安全、可靠、智能"的快速机动能力、精确打击能力和综合保障能力的重要技术。光通信技术将在全光通信、光弧子通信、空间激光通信等方面取得重大进展，极大提高对海量信息的实时、安全、可靠的传输能力，最大限度地满足未来网络中心战的通信需求。认知无线电通过主动感知外界电磁环境的变化，适应性地调整自身使用的通信体制和功率、频率等发射和接收参数，灵活、动态地配置使用空闲频率，可实现频谱资源的充分利用和干扰条件下的可靠通信。网络电磁空间将成为新的对抗领域，信息安全技术将向智能化、深度化发展，电子对抗技术和网络攻防技术的不断发展，将有力支撑信息系统体系对抗能力的提高。

8.10　材料和制造科技领域

材料和制造科技是支撑武器装备研制、生产、使用维护和性能提高的基础科学技术。先进材料科技是武器系统及其性能的重要载体，是满足各种武器装备对速度、强度、精度、生存力、信号特征、重量等要求的前提和重要保障。先进制造科技是国防科技赖以发展的"使能技术"，其水平高低在很大程度上反映了武器装备的发展水平。

先进材料科技不断向高性能、复合化、集成化、低维化、智能化方向发展，计算材料学将从根本上改变新材料研究与开发的层次和模式，材料的全寿命成本及其控制技术将影响未来武器装备的发展，复合材料仍将是结构材料发展的重点，功能材料将与器件不断结合，结构功能一体化趋势明显，智能材料将代表着新材料发展的最前沿方向，纳米材料将在纳米管、纳米线、纳米带，特别是碳纳米管、石墨烯等方面取得突破，电子信息材料、生物材料、高温超导材料、人工电磁材料（如左手材料）等将成为重点发展方向，一批重大的、具有深远影响的新材料将陆续出现，对武器装备的结构、隐身、机动和防护能力产生重要影响，大幅度提高武器装备的结构性能和作战能力，推动武器装备的创新发展。先进制造科技呈现出信息化、智能化、绿色化、极端化的发展趋势，基于泛在感知的信息化制造技术将得到快速发展，并向基于泛在信息的智能制造技术方向发展，大型装备制造、超精密加工、数字化制造、快速响应制造、纳米制造等先进制造科技将取得重大突破。2014 年高纯度碳纳米管的制备方法取得重大突破，北京大学、香港理工大学和中国科学院的合作研究组采用钨–钴合金的纳米晶体作"种子"在高温下引导碳纳米管生长，将碳纳米管的纯度从 55%提高到了 92%[①]。新一代自动化和信息化制造技术将得到重点发展，大幅度提高制造效率、改善制造质量、降低制造成本，有力支撑精密化、信息化武器装备的发展。高性能数字化制造技术将向虚拟化、智能化、网络化、集成化、协同化和敏捷化方向发展。超精密加工技术将向纳米亚纳米精度、加工检测一体化、加工尺寸极端化和加工面形复杂化等方向发展，支撑精密化、信息化武器装备的发展，有效满足提高精确打击、高效毁伤和强突防能力的需求。纳米制造技术向将更高精度、更小尺寸方向发展，并实现对单原子的操纵，成为决定武器装备精密化、信息化发展的重要因素。3D 打印技术不断成熟，进一步向高速、高精度、高强度方向发展，将在武器装备研制、制造、维修保障领域发挥越来越重要的作用。2014 年，英国研制出可应用于 3D 打印的航天合金材料 C-103，成功打印出样品。美国 Stratasys 公司推出刚性、柔性与透明材料相混合的打印技术，Arevo 实验室与马克弗吉德公司联合推出了可实现碳纤维复合材料的技术。美国国家航空航天局在"好奇号"火星车和新一代大型运载火箭设计中，已采用 3D 打印技术进行零件的快速制造。我国采用 3D 打印技术制造 C919 飞机的中央翼根肋，相比传统制造方法，可节省 91.5%的昂贵钛合金材料[②]。

① Yang F，Wang X，Zhang D Q，et al. Chirality-specific growth of single-walled carbon nanotubes on solid alloy catalysts[J]. Nature，2014（510）：522-524.
② 中国首创用 3D 打印造飞机钛合金大型主承力构件[EB/OL]. http://www.ce.cn/aero/201301/21/t20130121_21322715.shtml.

第9章 推进民口基础研究向国防领域转化应用的措施建议

新的历史时期，军民融合发展已上升为国家战略，对军民融合科技创新体系建设的重要性、紧迫性和艰巨性的深刻认识已在军地双方相关部门和一线科研人员形成了共识。基础研究的本质特点和发展规律决定了基础研究领域是最能够实现军民融合的领域。新形势下加快推进民口基础研究向国防领域的转化应用，必须站在统筹经济和国防建设的高度，贯彻落实军民融合发展国家战略，积极适应信息化条件和市场经济环境下国防建设要求，更加注重创新战略管理，更加注重完善体制机制，更加注重解决结构性矛盾和政策性问题，努力形成基础研究领域军民深度融合的发展格局，把国防和军队建设可持续发展的根基深植于国家基础研究大局，切实打牢富国强军的科技基础。

当前条件下，推动民口基础研究向国防领域的转化应用，亟待解决的核心问题是打通军民信息交流渠道、建立军民转化桥梁、弥补转化鸿沟，重点要在民口基础研究成果的挖掘、评估、支持、风险控制等关键环节狠抓落实。具体来讲，应该深入贯彻党的十八大以来，党中央、国务院关于加快实施创新驱动发展战略和深化科技体制改革的要求，适应深化中央财政科技计划（专项、基金等）管理改革方案的总体部署，在国家推动军民融合深度发展总体布局下，持续推进军口科研生产体系的开放与竞争，重点要围绕民口基础研究向国防转化应用的"组织管理""信息交流""评估遴选""转化支持""风险控制""转化激励"和"试点带动"等层面具体组织实施、持续用力狠抓，建立健全促进转化应用的管理体制、制度规范，着力解决制约转化的核心关键问题，推动转化应用工作深入发展，如图9-1所示。

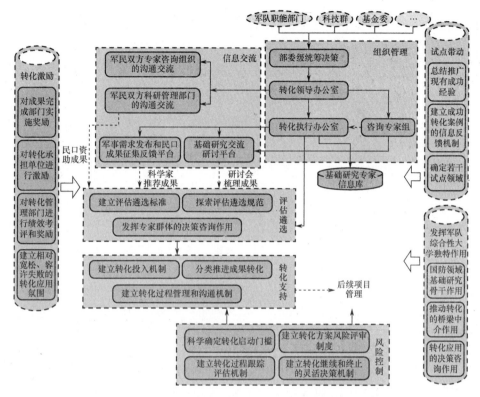

图 9-1　民口基础研究向国防领域转化应用的基本构想

9.1　立足国家、军队现有管理体制，建立军方主导、运行高效的组织管理体制

科学高效的宏观决策和组织管理是推动民口基础研究成果向国防领域转化应用的根本保证。针对当前军民双方科技发展相对隔离、宏观决策协调不够、转化责任主体不明确、专职转化管理机构缺失等问题，在国家、军队现有的管理体制框架下，贯彻落实深化科技体制改革的部署要求，建立以军方为主导的民口基础研究向国防领域转化应用集中统一领导和分层实施机制，有力推动转化应用的宏观决策、军地协调、需求对接，努力形成民口基础研究向国防领域转化的良好态势。

1. 在国家层面，建立部委级高层领导定期交流会商、顶层设计和统筹决策机制

决策层面的共识是执行层面深入推进基础研究成果向国防领域转化的重要基础。目前，科技部、自然科学基金委、中国科学院、中国工程院等部门已经建立了国家科技口部委领导间的交流会商机制，围绕国家科技发展的总体规划、各部门的工作合作等问题定期进行会商，为推进民口科学研究的统筹协调发展奠定了较好基础。按照国务院关于深化中央财政科技计划（专项、基金等）管理改革方案的统一部署，国家正推动建立由科技部牵头，财政部、发展改革委等相关部门参加的科技计划（专项、基金等）管理部际联席会议制度，负责审议科技发展战略规划、科技计划（专项、基金等）的布局与设置、重点任务和指南等[①]。建议以此为契机，在国家层面建立军队科研管理部门与科技部、自然科学基金委、中国科学院等部门高层领导的定期交流会商制度，建立健全国家层面的基础研究发展顶层决策与统筹规划机制，加强相互沟通和协调，频度可为每年一次（或根据需要进行若干次），目的是在服务国家重大战略需求的大背景下，统筹谋划军、民双方包括基础研究在内的科技发展需求，确定双方的合作意向与合作定位，明确基础研究成果向国防领域转化的总体思路、指导原则以及目标方向，为推动基础研究成果向国防领域的转化应用提供顶层指导。

2. 在机关层面，成立推进基础研究成果向国防领域转化应用的领导机构

建议在军队相关职能部门设立负责基础研究成果向国防领域转化应用的领导办公室，对外负责与国家科技部、自然科学基金委等国家基础研究管理部门的沟通、协调，对内负责指导具体转化工作的组织、实施和绩效评价。主要工作职能包括立足国防科技和武器装备发展、国防和军队建设的战略全局，开展基础研究成果转化的规划计划和相关规章制度的拟制，组织梳理、凝练军方对基础研究的重大需求并通过解密处理，分解为重大科学问题后发布，负责基础研究成果转化项目的立项审批，以及负责与民口基础研究管理部门的沟通协调，在基础研究信息上互通有无、成果互相借鉴转化等。

3. 在实施层面，成立高水平的转化执行机构和专业化的转化人才队伍[②]

成立高水平、专业化的转化管理机构和转化人才队伍是国外推进科技成果转化的重要举措。鉴于基础研究的创新性、探索性等特点，建议依托具有丰富基础研究资源、重大专家群体、能够对转化工作提供重要咨询和支撑的军内综合性大学或科研机构成立转化办公室和专业化的转化人才队伍，在转化领导办公室和有关业务部门的指导下，负责军事需求的分解、挖掘其具有重大军事应用前景的基础研究，并具体承办基础研究成果向国防领域转化应用的相关管理工作。主要工作职能包括基础研究转化应用的统筹规划和组织管理，与相关职能部门一起围绕基础研究成果的遴选、评估、转化、风险控制等转化环节组织开展具体工作等。

---

① 王芳展, 严智宇, 程术希. 应对国家科技计划改革, 推动高校内涵发展——以浙江大学为例[J]. 科教文汇（中旬刊）. 2016（12）.

② 刘书雷, 邓启文, 吴集, 郭继周. 新形势下推进基础研究成果"民为军用"问题研究[J]. 装备学院学报, 2014（6）: 43-48.

4．在专家层面，成立兼具高水平基础研究能力与军事敏感性的转化应用咨询专家组织

立足基础研究成果向国防科技的转化应用，围绕数、理、化、天、地、生等主要基础研究领域，成立由热心国防建设、对基础研究成果在国防领域应用价值具有较强的理解力和认知力，有较好组织协调能力、了解掌握本基础研究领域国际最新进展和国内发展态势的军内外基础研究科学家组成的专家顾问组。主要工作职能是负责审议基础研究转化相关的规划计划、规章制度，对转化实施过程中的重大问题进行咨询和指导，确定年度重点基础研究跟踪领域，组织召集基础研究成果交流活动、网罗基础研究成果和专家，架起基础研究和军事应用之间的桥梁，进而推动基础研究向国防领域的转化应用等。

5．围绕潜在军事应用需求建立可用的基础研究专家信息库

丰富、庞大的基础研究专家资源是推动武器装备创新发展、维护国家安全的重要支撑，在战争时期表现的尤为突出，如在中苏珍宝岛战役中，力学科学家刘先志为我军新型反坦克武器的研制做出了突出贡献。应在推进基础研究向国防科技转化应用过程中，有意识的按领域建立一个可用于国防领域的基础研究专家信息库并不断补充、不断完善，主要目的在于主动储备一批具有军事应用潜力的基础研究团队和领军人才，保证关键时刻有所用、有所依，为满足潜在的、紧急的军事需求提供保障。

9.2 着眼当前军民双方信息交流不畅的客观实际，建立形式多样、顺畅便捷的信息交流机制

顺畅有效的信息交流是把民口基础研究成果纳入军方视野的关键环节，是开展转化应用的首要步骤和前提条件，军民双方信息交流不畅、缺乏有效的沟通已经成为当前制约转化应用的重要因素。应从管理部门和广大基础研究科学家两个层面出发，建立形式多样、顺畅便捷的信息交流机制，形成领导机关热心支持、一线科学家踊跃参与的基础研究成果转化良好氛围，为军方能够全面掌握民口基础研究的总体态势、一线科学家能够方便快捷地将最新成果向军方推荐奠定基础。

1．建立军方与民口基础研究管理部门的协调对接机制

综合考虑民口基础研究指南发布、项目评审、项目验收的时间节点，从管理机关、咨询专家两个层面建立军民协调对接机制，落实高层领导会商所达成的共识，协调推进基础研究成果转化工作。一是建立军队相关职能部门（或转化领导办公室）与国家自然科学基金委计划局、中央财政科技计划（专项、基金等）专业管理机构、国家科技管理信息系统等民口基础研究管理部门和平台

的定期协调沟通、对接机制。一方面，把军方对基础研究的需求以科学问题的形式定期通报给民口，引导民口基础研究计划和创新团队向军事需求倾斜，并及时获取民口基础研究最新成果。特别是要加强国家科技计划编制过程中的军民协调，在中央财政支持的国家自然科学基金、国家科技重大专项、国家重点研发计划、技术创新引导专项（基金）、基地和人才专项等五类科技计划（专项、基金等）中充分考虑国防和军事需求，实现民口和军口科技计划的无缝衔接，统筹协调民口和军口科技投入经费预算编报，从源头为民口科技成果向装备建设领域转化应用奠定基础。另一方面，定期对双方合作的基本情况进行评估和研讨，以利于更好地开展后续工作。频度可为每年2~3次，时间可安排在民口指南发布之前、相关的检查验收之后。二是建立军口专家咨询组织与民口专家咨询组织的互动交流机制。如加强军队科技管理部门和国家战略咨询与综合评审委员会、自然科学基金委学部与军队相关对口专业组、军口专家和民口专家等层面的沟通协调，通过主动关注民口基础研究计划的最新进展，参加民口重点基础研究项目的阶段检查、结题验收，互相参加各自组织的专家交流活动，把握民口基础研究的整体态势及军事应用可能。

2. 建立开放便捷、安全可靠的军事需求发布和民口成果征集反馈平台

除从国家科技部、国家自然科学基金委、国家科技管理信息系统直接获取所资助的基础研究成果以外，应借鉴外军通过建立 DoD TechMatch、TechLink Center 等网络平台来创造和捕获创新机遇的成功做法，依托先进的信息化技术和网络基础设施，建立面向民口广大一线基础研究科学家和军方基础研究转化管理部门的基础研究成果征集反馈网络平台，架起民口基础研究人员和军方相关人员沟通的桥梁和渠道，一方面为民口基础研究创新者提供毛遂自荐的平台，使热心国防建设、了解掌握基础研究成果军事需求的民口基础研究科学家能够把相关理论创新及时向军方进行报送，另一方面为军方人员提供公布军事需求（以非保密的基础科学问题形式）的途径和捕获各种基础研究创新机遇的平台。平台的管理维护、所捕获基础研究信息的处理和反馈可由转化办公室具体负责。

3. 建立完善科学可行的军事需求凝炼和公开发布机制

军事需求是牵引民口基础研究向国防领域转化应用的巨大力量。一要更新观念，正确处理需求发布与安全保密的关系。安全保密是武器装备建设的基本要求，也是维护国家安全的根本保障，在国防建设过程中必须高度重视安全保密问题。基础研究以探索新知识、追求新发现为基本使命，主要产出包括研究论文、学术专著等，本身不存在保密问题。从保密的军事需求中凝炼出需要解决的基础理论问题并进行公开发布，是处理军事需求发布和安全保密关系、牵引和推动转化工作的有效途径，也是主要军事强国的共同选择。二是建立科学可行的需求凝炼和密级设计机制。要依据国家安全和军队建设的长远需求，充分考虑世界科技前沿发展动态与趋势，发挥好军事应用、科技发展等领域专家

的决策咨询作用，系统梳理未来国防科技和武器装备发展对基础研究的重大需求[1]。要研究探索科学可行的密级分级和设计机制，加强作战任务、装备能力、技术需求到基础研究的技术分解和技术翻译，形成军事需求到基础研究的需求分解链条，通过把保密的军事需求分级、分层次分解为不保密的基础理论研究问题，为需求的公开发布奠定基础。三是建立符合国情的需求发布机制。一方面，要借鉴我国装备采购信息发布和民用技术向军事应用转化的成功经验，参考主要国家通过网络平台发布军事需求以创造和捕获基础研究创新机遇的主要做法，探索建立国防基础研究需求信息定向和公开发布渠道，牵引和推动国家基础研究管理部门和基础研究力量围绕军事需求开展转化工作。另一方面，要加强与国家科技部、自然科学基金委等部门的沟通协调，加大对民口基础研究力量的开放程度，推动军方需求在国家层面基础研究计划中进行体现和落实，依托和利用国家现行基础研究组织管理渠道，充分发挥民口基础研究力量的优势和积极性，推动有关单位和团队围绕军方需求有针对性地开展基础研究工作。

4. 建立通过学术研讨会网罗民口重要基础研究成果的机制

一是充分利用军队相关高层专家网络学术年会这一交流平台。军队相关高层专家网络学术年会（如总装备部科技委年会，军队新的体制编制下这一学术盛会形式尚未明确）是国防科技领域的年度盛会，与会专家层次高、范围广，建议充分发挥好这一平台在推动基础研究成果向国防领域转化应用的重要作用。一方面围绕重点基础研究领域，组织与会专家分组开展研讨交流，分析国内外年度重要的基础研究成果，评判其应用于军事的可能。另一方面建立重要基础研究成果"提案"制度，鼓励与会专家以"提案"形式提交国内外取得突破的、在军事上可望具有重要应用潜力的基础研究成果，为军方提供捕获各种民口创新成果的机遇。二是定期组织召开基础研究交流研讨会。在自主创新的基础上，以大科学的视野、互联网思维，通过各种学术交流合作平台，在全国和全球范围内开展对外合作，网络可用成果。由转化办公室具体承办，围绕重点基础研究领域召开多种形式的年度学术交流会，充分发挥基础研究转化专家顾问组的推荐作用，邀请本领域年度最优秀的科学家和团队，围绕基础研究国内外最新进展及可能的军事应用开展学术交流，捕获具有重要军事应用前景的创新成果。会议在形式上可以委托民口研究机构承办、以纯粹的学术交流会的形式举行，以邀请更为广泛的科学家参与交流。可同时邀请工程技术领域、军方应用领域等专家参与，对成果转化的可行性、军事应用可能性等从不同的视角进行评判。

① 刘书雷，邓启文，吴集，郭继周. 新形势下推进基础研究成果"民为军用"问题研究[J]. 装备学院学报，2014（6）：43-48.

9.3 针对不同基础研究领域的特点和武器装备发展的需求，建立科学合理、分类实施的评估遴选办法

科学遴选具有重大军事应用前景的民口基础研究成果是推动转化的关键环节，是确保将优秀的民口基础研究纳入军方视野的重要途径。应针对不同基础研究领域的自身特点和发展规律，充分考虑国防建设和武器装备发展的近、中、远期需求，积极探索以军事应用为导向、分类实施、客观公正的基础研究成果评估遴选机制，科学确定具有重大转化应用前景的研究成果[①]。

1. 建立科学、客观的基础研究成果评估遴选标准

基础研究成果多为机理、规律和方法等，应用领域和应用价值具有不确定性，往往无法用统一、量化的指标去度量、评价，应针对基础研究不同领域成果的特点，积极探索科学、合理的基础研究成果评估遴选原则、指标体系和评估方法。应充分理解基础研究在解决当前武器装备发展重大基础研究问题和为未来武器装备发展奠定基础两个层面的重大作用，避免只关注眼前利益而忽视远期的、可能具有重大应用前景的基础研究成果。

2. 建立多层次、可操作的基础研究成果评估遴选规范

一是明确转化办公室在评估遴选方面的责任主体地位。由转化办公室负责对从基础研究管理部门获取、科学家通过网络平台推荐、学术交流会上搜集来的等多种来源的基础研究成果进行管理和维护，并在相关专家的支持下具体开展评估遴选工作。二是建立可操作的、规范性的评估遴选操作流程。根据不同来源、不同研究阶段成果的特点，分类制定科学合理的评估遴选流程和方法，反复迭代、逐步推进，确保重要的、有重大军事应用价值的成果能够进入转化视野。具体来讲，着眼武器装备建设的近、中、远期需求，首先，可由转化办公室成员进行初步判断，剔除明显没有军事应用价值的成果；其次，充分发挥军队相关科技领域专业组的作用，按照领域对成果进行进一步的筛选，缩小范围、突出重点，初步确定转化清单；再次，邀请军内外有较高造诣的科学家、工程技术专家、军事应用专家开展深入讨论，互相启发，处理好需求与可能的关系，确定应列入转化的成果；最后，对待转化项目进行进一步审核，根据现实条件，启动转化工作。

3. 充分发挥好不同层次、不同领域专家群体在评估遴选中的决策咨询作用

由于基础研究成果转化应用具有风险大、不确定因素多及成果评估遴选标准不统一等特点，必须充分发挥不同领域专家群体的决策咨询作用。具体来说，

---

① 刘书雷，邓启文，吴集，郭继周. 新形势下推进基础研究成果"民为军用"问题研究[J]. 装备学院学报，2014（6）：43-48.

基础研究领域科学家具有深厚的理论，可对理论成果的科学性和先进性进行判断；工程技术领域专家具有丰富的实践经验，可对理论成果的可实现性进行判断；军事专家对军方需求有比较明确的把握，可对成果的应用价值进行分析。应充分依靠不同层次、不同领域的专家群体，发挥其决策咨询作用，开展经常性的研讨交流，互相启发，为基础研究成果的评估遴选提供支撑，提高决策水平。

9.4 立足现有的国防科研计划体系、充分考虑不同类型成果转化的要求，建立衔接配套、灵活多样的转化支持机制

合理可行的转化支持是转化工作得以成功实施的关键。应遵循基础研究成果转化应用的特点和不同类型成果转化的要求，统筹考虑国防领域现有的科研计划体系，加强前期谋划和顶层设计，搞好计划衔接和支撑，加快建立符合我国国情、军情、机动灵活的基础研究转化投入机制，形成相对稳定的资金支持，积极探索转化应用过程的监督、沟通机制，切实提高基础研究成果向国防领域转化的效能。

1. 建立与现有科研体系衔接配套的基础研究成果转化资助机制

基础研究创新性、探索性较强，其向国防领域转化的周期较长，特别是具有变革性影响的重大基础理论突破，转化过程可能延续数年、横跨几个五年计划。应根据不同类型基础研究成果的特点和转化要求，一方面要充分发挥军队现有科研计划体系在支撑基础研究成果转化方面的重要作用，另一方面应打破常规，更新成果转化观念，创新成果转化模式，设立基础研究成果转化专项资助计划，并协调实现与其他相关计划的衔接，以能够灵活、多样、便捷的实现对基础研究成果转化的分阶段滚动支持。

2. 针对不同类型基础研究成果的特点分类推进成果转化

应结合不同类型基础研究成果在武器装备发展不同阶段的应用价值，分类别、分领域采取针对性的转化模式。一方面对军事需求迫切，具有一定成熟度的成果，应及时快速安排转化应用，加强装备应用部门、工程技术部门、基础理论研究团队的配合，加快转化进程，及时解决当前装备需求中的重大现实问题。在转化过程中，根据基础研究成果的形式（"知识形态""智形形态""物形形态"），选择合适转化应用模式，如知识形态成果采用知识转移模式，智形形态成果采用人才转移模式，物形形态成果采用直接应用模式。另一方面，应充分理解基础研究的前瞻性和探索性特点，对于"非共识"的，或暂时因为条件限制、成果成熟度等方面原因不能迅速转化应用，但一旦取得突破和应用具有远期重大军事应用前景的基础研究成果，应积极关注、加强引导、主动扶持，为未来武器装备创新发展提供可能。

3. 针对转化工作全链条需要建立转化过程管理和沟通机制

一是建立转化全过程的跟踪监督机制。对转化全生命周期进行过程监督，做到责任落实、单位落实，以科学的管理推动基础研究成果向国防领域转化的进程。二是建立转化过程中相关参与主体的沟通交流机制。把转化中存在的困难和问题等情况及时通报给相关转化参与主体，推动基础研究科学家开展更加深入的基础研究、转化顾问专家进一步提供转化咨询建议，形成良性循环。

9.5 充分认识基础研究转化的高风险、高回报过程，在转化全生命周期建立积极稳妥、效益优先的风险控制机制

风险控制是提高基础研究成果转化成效的重要举措，也是国外推进转化工作的普遍选择。应充分认识基础研究成果向国防领域的转化是一个高风险、高回报的过程，建立积极稳妥的基础研究成果转化风险控制机制，在充分发挥转化项目所属资助计划本身风险控制作用的基础上，从转化活动的启动、转化方案风险审查评估、转化进展的跟踪检查、转化活动继续和终止的灵活决策等方面加强风险控制，切实提高转化应用的成效。

1. 科学确定基础研究成果转化项目启动门槛

充分借鉴美国国防高级研究计划局（DARPA）在启动基础研究成果向应用研究转化计划方面的做法，科学设置基础研究成果转化项目的启动门槛，坚持转化项目必须在拥有很好的构思和优秀人才的条件下才能启动的原则，切忌由于拔苗助长、急功近利，在原理或关键问题尚未完全清楚就开展转化进而造成转化失败的现象。同时，应从转化后的影响、转化的障碍和风险、可能需要的投资等方面进行事前综合分析，降低转化风险。

2. 建立基础研究成果转化方案风险评审制度

广泛邀请基础研究科学家、工程技术专家、军事应用专家等对转化方案的科学性、合理性、可行性、潜在的风险等方面进行评估，一方面可对明显存在转化障碍的项目及时叫停和调整，另一方面可从不同的视角对转化方案提出意见和建议，保证有重大军事应用价值、高风险的转化项目能够顺利展开。

3. 建立基础研究成果转化过程跟踪评估机制

根据不同转化阶段的特点，研究建立基础研究成果转化成效评估的原则和实施办法，探索不同转化阶段所必须满足的"技术标准"，形成满足不同转化阶段评估需求的、有机衔接的"转化链"评估规范，避免决策机关和专家凭借经验判断带来的标准不一、主观性强等问题，为客观评判转化应用的实效奠定基础。

4. 建立转化活动继续和终止的灵活决策机制

根据转化进展跟踪评估情况，对通过当前阶段评估审查的项目启动下一阶段的资助计划。对没有通过评估审查的转化项目，根据实际情况或者终止该转

化项目并取消资助，或者保留下一阶段的资助，但修订该转化项目的总体目标和实施方案，以更加可靠的策略继续推动该转化项目。

9.6 着眼充分调动相关参与主体推动转化的积极性和主动性，建立尊重主体、充满活力的转化激励机制

合理的激励对于充分调动相关转化参与主体的积极性，推动基础研究成果向国防科技的转化应用具有重要意义。应建立基础研究成果转化激励机制，不断挖掘科研人员和管理人员推进转化的积极性、主动性和创造性，努力形成宽容失败的转化应用氛围，充分激发各转化主体的内在潜力，推进转化工作又好又快发展。

1. 对基础研究成果完成部门实施"物有所值"的奖励政策

一是实施基础研究成果有偿转化的政策。加强基础研究知识产权保护和支持力度，实行成果所有权与使用权相对分开和成果有偿转化的办法，在维护国家利益的同时兼顾保护基础研究成果完成人员、单位的利益。二是对转化后在武器装备建设中发挥重大作用的成果给予适当的物质或精神奖励，并在转化后的衍生成果报奖中对基础研究成果完成人的价值进行体现，鼓励基础研究科学家开展研究创新、推动成果转化的积极性。三是将评价与激励结合，对做出重大贡献的单位和个人在应用基础研究项目的安排上予以优先考虑，以充分调动科技人员的积极性、主动性。

2. 建立对基础研究成果转化承担单位的激励机制

基础研究成果向国防领域的转化涉及应用研究、先期技术开发等多个环节，操作繁琐、实现困难，且风险和不确定性较大。应针对不同转化环节的特点，对于在本转化环节中取得突出成绩的转化承担单位给予适当的物质或精神奖励，鼓励转化承担单位结合军事需求开展转化应用的积极性。要充分发挥国家科技奖励制度的激励和导向作用，努力营造鼓励转化、勇于创新、敢于攀登的良好环境。

3. 建立基础研究成果转化管理部门的绩效考评和奖励机制

转化管理部门作为推进基础研究成果向国防领域转化应用的责任单位，其主动性、积极性、创造性是提高转化成效的前提条件和根本保证。应研究建立基础研究成果转化的绩效考评标准和实施办法，建立转化成效奖励惩罚政策，以评促转，真正发挥转化管理部门和人员在推进基础研究成果向国防领域转化中的潜能。应加大对潜心基础研究转化应用并取得突出成果的人员的奖励，加强宣传，提高相关人员推进基础研究转化的积极性。

4. 建立相对宽松、容许失败的转化应用氛围

要充分认识基础研究成果具有很强的原创性，其转化应用的探索活动受理论本身复杂性、转化环境条件等方面因素制约，可能成功，也可能失败，许多

重大创新成果正是在失败的基础上产生的。应遵循基础研究成果转化的客观规律，大力营造相对宽松、宽容失败的成果转化应用的环境和氛围，加强对转化管理人员、科技工作者等转化参与主体的理解、保护与支持，鼓励其围绕国防需求开展转化的信心和勇气，不急于求成，推动基础研究成果的快速转化。

9.7 充分发挥成功案例和试点领域在推动转化工作的引领示范作用

推动民口基础研究向国防领域的转化应用需要立足国防建设和国家科技创新总体布局进行统筹考虑，具有长期性、艰巨性和全局性，要认真总结转化应用成功案例的经验，进一步发挥重大科技计划和科技工程的示范作用，有效引领和带动民口基础研究向国防领域转化应用。

1. 深入总结推广民口基础研究向国防领域转化应用的成功经验

在国防建设的不同时期，民口基础研究已经以多种形式实现了向国防领域的转化应用，为国防领域重大科技工程、武器装备发展和军事斗争准备提供了重要支撑，积累宝贵的经验。要从国防领域重大科技专项、重大装备创新工程、国防基础设施建设等多维视角，系统梳理"载人航天""探月工程""北斗导航"等重大专项，以及军地高校和科研院所推进军民融合协同创新，特别是民口基础研究向国防领域转化应用的政策措施与成功经验，推广一批突出的转化实践经验，深化凝练具有示范引领作用的榜样模式，加大宣传引导力度。

2. 建立成功转化案例的信息反馈机制，以成功的案例鼓励转化

成功案例对于激发转化热情、推动转化工作具有重要作用。军方转化管理部门应在保密许可的范围内或在进行保密处理的前提下，对民口基础研究向国防领域转化的成功案例进行总结梳理，建立成功转化案例的信息反馈机制，以成功的案例鼓励转化。一方面，以感谢信或发函形式把成功转化应用情况定期通报成果资助部门，调动民口进一步加强转化的热情。另一方面，把成功转化应用情况及时反馈取得该成果的科学家，形成尊重劳动、尊重知识的转化氛围。最后，应把成功转化应用情况及时反馈参与转化过程的其他职能部门、转化咨询专家等转化参与主体，进一步提高相关主体开展转化工作的积极性。

3. 着眼民口基础研究实际和国家建设需要确定若干试点领域，牵引和带动转化应用工作

军队有关职能部门会同政府有关部门，聚焦军事航天、战略预警、信息攻防、战略投送、无人作战等新型作战力量建设和新一代重大武器装备发展等国防领域建设重大需求，优先选择空气动力学、先进材料、海洋科学、应用物理、信息科技等若干民口基础研究相对较为先进、成果较为丰厚、对军事力量建设和武器装备发展支撑作用比较突出的领域作为试点，制定实施专项转化计划，

推动民口理论创新向国防领域的转化应用，一方面着力解决事关国防建设全局和长远的理论基础，为未来发展奠定基础，另一方面通过试点领域和试点工作探索路子、积累经验，牵引和带动转化应用工作。

9.8 充分发挥军队综合性大学在基础研究创新和转化应用中的独特作用

军队综合性大学作为"大学"与"军队"的综合体，在基础理论的创新、认知和军事需求的理解把握方面都具有不同于其他单位的独特优势，在开展国防领域基础研究创新发展、推动民口基础研究向国防领域转化应用等方面显现出独特优势，应充分把握、科学利用。

1. 发挥军队综合性大学在国防领域基础研究创新中的骨干作用

军队综合型大学具有学科门类齐全、专业人才聚集、科研实力雄厚等优势，是科技创新和知识创造的主要场地和前沿阵地，且长期从事基础研究和前沿探索，能够科学把握国防科技的发展前沿和未来走向，是开展国防领域基础研究的重要力量。此外，军队综合性大学长期从事先进武器装备研制和国防关键技术研究，能够准确地把握国防建设、国防科技创新和武器装备发展的重大需求，且具有丰富的基础研究资源，庞大的专家群体，应充分发挥军队综合型大学的作用，赋予更多的国防基础研究和前沿技术探索任务，发挥其骨干依托作用，促进国防领域基础研究的创新发展。

2. 发挥军队综合型大学在推动民口基础研究向国防领域转化应用中的桥梁中介作用

军队综合性大学作为知识创造和国防科技创新的重要力量，对国防建设和国防科技发展全局具有更为全面准确的把握和很强的比较优势，对理论基础成果也具有比较深入的理解力和认知力。应充分发挥军队综合性大学的"大学"和"军队"双重身份优势，发挥其在基础研究、前沿探索与军事需求之间的桥梁作用，将民口基础研究成果与军事应用紧密结合起来，并积极寻求地方科技、经济、人才资源对国防基础研究的支撑。应充分发挥军队综合性大学的国际科技交流与合作渠道作用，充分吸收和凝聚国际上的最新基础研究成果和理论创新，并利用自身集成创新优势，加快最新基础研究成果向武器装备建设的转化进程，为国防和军队建设提供支撑。

3. 发挥军队综合型大学在推动民口基础研究向国防领域转化应用中决策咨询作用

依托军队综合性大学的多学科优势和丰富专家资源，设立军队基础研究转化实施机构，围绕国防建设对基础研究的重大需求，全面掌握国家基础研究总体态势和最新成果，积极开展基础研究成果的遴选和评估等工作，为民口基础研究成果向国防建设的嫁接和利用提供决策咨询，努力将民口基础理论的先进性与国防领域发展重大需求的现实性、紧迫性找到最佳结合点。依托军队综合性大学加强技术预见和研判，通过互联网时代的信息资源，在全国和全球范围内跟踪、监视和发现有军事价值的科学发现，对世界范围内的基础研究和技术进展进行跟踪评估，寻找能够转化为武器概念和军事应用的创新成果，为国防建设和武器装备创新发展提供强大的智力支持。